Ansgar Lorenz | Michael Quante · G.W.F. Hegel

Bibliografische Information der Deutschen Nationalbibliothek

Die Deutsche Nationalbibliothek verzeichnet diese Publikation in der Deutschen Nationalbibliografie; detaillierte bibliografische Daten sind im Internet über http://dnb.d-nb.de abrufbar.

Internet: www.fink.de

Einbandgestaltung: Ansgar Lorenz
Herstellung: Brill Deutschland GmbH, Paderborn

ISSN: 2702-6833
ISBN: 978-3-7705-6391-3 (paperback)
ISBN: 978-3-8467-6391-9 (e-book)

Ansgar Lorenz | Michael Quante

G. W. F. Hegel

Philosophische Einstiege

BRILL | FINK

Einleitung

Anspruch und Ziele

Mit dieser illustrierten Einführung möchten wir einen Einstieg in Hegels Philosophie ermöglichen. Wir wenden uns nicht an Hegelexpert*innen und setzen keine philosophischen Vorkenntnisse voraus. Hegels Werke sind auch für Fachphilosoph*innen schwer zugänglich. Sein Denken ist komplex und seine Argumentation fällt stets kompakt aus. Zwischen ihm und uns liegen zwei Jahrhunderte. Das bedeutet nicht nur einen großen historischen Abstand, sondern auch eine beachtliche sprachliche Differenz.
Angesichts dieser Herausforderungen sind unsere Ziele moderat: Wir können weder einen vollständigen Überblick über Hegels Werk geben. Noch ist es uns möglich, die Philosophie Hegels im Detail zu analysieren. Stattdessen wollen wir einen Einstieg in sein Philosophieren ermöglichen. Dazu werden wir Hegels Verständnis und seinen Anspruch an Philosophie darlegen sowie die Architektur seines Systems, mit dem er diesen Anspruch einlösen wollte, skizzieren. Unsere Einführung soll wie ein Stadtführer mit sieben Hauptlinien funktionieren:

① EINLEITUNG ③ SYSTEM ⑤ DIALEKTIK ⑦ AUSBLICKE

② META-PHILOSOPHIE ④ RÄTSELHAFTES ⑥ HISTORISCHE LINIE

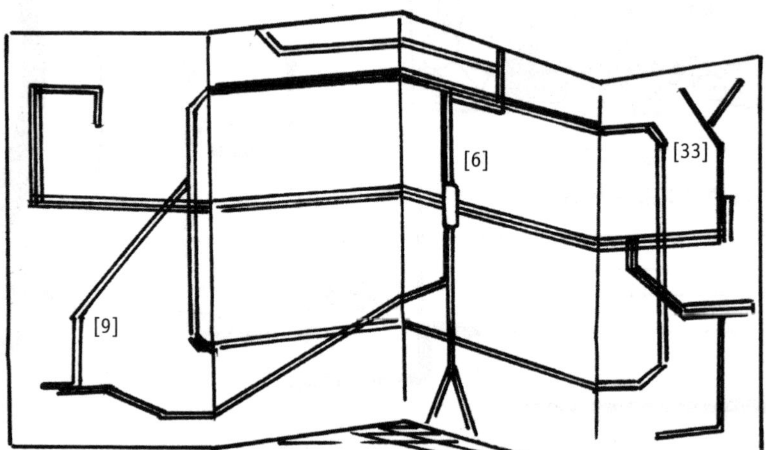

Wir stellen zentrale Denkmotive Hegels vor und entschlüsseln rätselhafte Aussagen. Außerdem werden grundlegende Begriffe seiner Philosophie erläutert, sodass die Leser*innen systematische Hauptstationen, hier als zentrale Haltestellen in [ ] durchnummeriert, seines Werkes kennenlernen werden. Ein die Haltstellen abschließender -> verweist auf Anschluss-Stationen. Damit hoffen wir, Möglichkeiten zur eigenständigen Lektüre zu schaffen. Schließlich werden wir Aspekte von Hegels Philosophie aufgreifen, die schon seine Zeitgenossen als strittig oder gar anstößig wahrgenommen haben. Auf diese Weise möchten wir versuchen, die Leser*innen zur weiteren Auseinandersetzung mit Hegels Philosophie zu motivieren. Es gibt wenige philosophische Werke, die für die damit verbundenen Mühen so sehr belohnen wie das Hegelsche.

Kurzbiographie

Georg Wilhelm Friedrich Hegel wird am 27.8.1770 in Stuttgart geboren. Er studiert Theologie in Tübingen (von 1788 bis 1793). Diese Zeit ist für sein späteres Denken entscheidend, denn Hegel lernt hier Hölderlin und Schelling kennen. Mit weiteren Stiftlern teilt er sich zeitweise ein Zimmer im Tübinger Stift. Gemeinsam mit seinen beiden Freunden und anderen Gleichgesinnten rezipiert Hegel die Philosophien von Rousseau und Kant. Sie dienen ihm als Grundlage der Kritik an der konservativen protestantischen Theologie, die in Tübingen damals Lehrmeinung ist.

Nach dem Studium nimmt Hegel wechselnde Stellungen als Hofmeister und Hauslehrer an. Während dieser Zeit prägt Hölderlin sein Denken entscheidend. Nach dem Tod des Vaters im Jahre 1799 kann sich Hegel aufgrund des Erbes ganz der Philosophie widmen. Er geht nach Jena, wo neben Fichte auch sein Freund Schelling lehrt. In Jena liegt zu dieser Zeit das Zentrum der deutschen Frühromantik. Nach seiner Habilitation (1801) lehrt Hegel als Privatdozent, bevor er 1805 durch Vermittlung Goethes eine außerordentliche Professur erhält. Während der Jenaer Jahre arbeitet Hegel eng mit Schelling zusammen. Er beschäftigt sich mit Grundfragen der praktischen Philosophie, die auch zeitdiagnostische und politische Aspekte enthalten. Zudem will Hegel ein eigenes System der Philosophie entwickeln. Sein Ziel ist es, die Gegensätze in der Philosophie und die Kluft zwischen Christentum und Aufklärung zu überwinden. Erschienen ist von diesem Jenaer System nur sein erstes Hauptwerk, die *Phänomenologie des Geistes* (1807).

Als er durch die Kriegsereignisse und die Geburt eines unehelichen Kindes in finanzielle Not gerät, übernimmt Hegel die Redaktion der Bamberger Zeitung (1807–08). Kurze Zeit später wird er Rektor des reformorientierten protestantischen Aegydiengymnasiums in Nürnberg (1808–1816). Als Redakteur und Rektor wird Hegel in religions- und kulturpolitische Auseinandersetzungen verwickelt. Dennoch gelingt es ihm, an seinem philosophischen System weiterzuarbeiten.
Er publiziert in den Jahren 1812, 1813 und 1816 die drei Bände seiner *Wissenschaft der Logik*, die Grundlage seines ‚reifen' Berliner Systems. In diese Zeit fallen seine Heirat mit Marie von Tucher (1811) und die Geburt zweier Söhne. Seine philosophischen Arbeiten werden nur langsam beachtet. Erst 1816 erfolgt die Berufung an die Universität in Heidelberg, wo er für zwei Jahre lehrt. Die wichtigste Publikation aus dieser Zeit ist die *Enzyklopädie der philosophischen Wissenschaften im Grundrisse* (1817). Insgesamt als Kompendium für Vorlesungen gedacht, enthält es in äußerst knapper und verdichteter Darstellung die Grundzüge seines Gesamtsystems. 1818 dann folgt Hegel dem Ruf nach Berlin, wo er bis zu seinem Tode (am 14.11.1831) lehrt und den Höhepunkt seines Schaffens bzw. Ruhms erlebt. In den Beginn der Berliner Jahre fällt die Publikation der *Grundlinien der Philosophie des Rechts* (erscheint Oktober 1820), dem einzigen von Hegel selbst weiter ausgearbeiteten Teil seines enzyklopädischen Systems. Auch dieses Werk ist jedoch als Kompendium für Vorlesungen verfasst und daher ebenfalls in einem knappen und nur die Kernargumentation ausführenden Stil gehalten. Die im Jahre 1827 erscheinende zweite Auflage der *Enzyklopädie* ist erheblich modifiziert und zeigt, dass Hegel auch in seinen Berliner Jahren weiter an seinem Systementwurf arbeitet (die 1830 erscheinende dritte Auflage enthält ebenfalls noch viele Modifikationen, weicht aber von der zweiten Auflage nicht mehr gravierend ab). Kurz vor seinem Tod arbeitet Hegel an der Überarbeitung seiner *Wissenschaft der Logik*, von der kurz nach seinem Tod der erste Band in zweiter Auflage erscheint (1832).

Eduard Gans' Grabrede

Zeitgeschichtliches

Hegels Leben fällt in eine historische Epoche großer Umbrüche und Krisen. Es ist zum einen durch zwei Revolutionen gerahmt: die große Französische Revolution 1789, welche die politische Moderne einleitet, und die Pariser Juli-Revolution 1830, welche die soziale Frage ins Zentrum rückt.

Dazwischen liegen mit den Napoleonischen Kriegen und dem Zusammenbruch des Heiligen Römischen Reiches Deutscher Nation Umbrüche, die einen politischen Modernisierungsschub einleiten. Nach der Niederlage Napoleons erlebt Hegel den politischen Gegenschlag der Restauration, in der Demokratisierungsprozesse zurückgedrängt werden. Dieser konservative Gegenwind hat auch Auswirkungen auf die Möglichkeiten politischer Reformen in Preußen, an denen Hegel seine politische Philosophie ausgerichtet hat. Begleitet werden diese politischen Entwicklungen durch die Emanzipation von religiöser Bevormundung und dem darauffolgenden Wiedererstarken theologisch fundierter Monarchien.

In Hegels Leben fällt auch die immer schneller verlaufende Entwicklung einer kapitalistischen Ökonomie, deren Marktmechanismen nach Hegels Tod dann im Zentrum des Denkens von Karl Marx stehen werden. Hegel hat diese ökonomischen und sozialen Prozesse sein gesamtes Leben hindurch philosophisch analysiert.

Außerdem ist er ein aufmerksamer Beobachter der Entwicklungen im Bereich der Wissenschaften. Er erlebt die Emanzipation der Naturwissenschaften von der Philosophie und deren Ausdifferenzierung. Zeit seines Lebens verfolgt er die Erkenntnisfortschritte in den einzelnen Wissenschaften und wertet diese für sein eigenes philosophisches System aus. Zugleich kann man sein eigenes philosophisches Schaffen als einen Hauptmotor der Entstehung der Geschichts- und Kulturwissenschaften ansehen.

Insgesamt stellt das Hegelsche Philosophieren einen sensiblen Seismographen dieser konflikt- und krisenhaften Modernisierungsprozesse dar. Hegel versucht, ihre Widersprüchlichkeit philosophisch zu erfassen. Sein Ziel ist es, diese komplexe Entwicklung in ein philosophisches System zu integrieren. Damit war der doppelte Anspruch verbunden, die Rationalität dieser Prozesse aufzuzeigen und sie zu einer vernünftigen Einheit zusammenzuführen.

Aufbau

Unsere Einführung ist in fünf Themenfelder aufgeteilt. Man kann mit jeder dieser Hauptlinien beginnen und flexibel zwischen ihnen hin- und herwechseln. Sie bestehen aus mehreren Hauptstationen; jede kann für sich gelesen werden. Wir haben diesen zentralen Orte und Denkwürdigkeiten der ‚Hegel-Stadt' mit einer durchlaufenden Zählung in eckigen Klammern markiert. Am Ende einiger der Hauptknotenpunkte des Hegelschen Denkens finden sich Tipps, an welcher Stelle man weiterlesen kann. So ergeben sich mehrere Touren durch unseren Stadtführer: kurze und lange, entspannte und anspruchsvolle.
Auf diese Weise kann jede*r Leser*in ihren eigenen Pfad durch unsere Einführung legen. Selbstverständlich kann man auch der durch die lineare Anordnung des Gesamttextes vorgeschlagenen Route folgen.

Diese Themenfelder sind:

- I. Hegels Verständnis des Philosophierens
- II. Die Architektur des Hegelschen Systems
- III. Rätselhaftes, Strittiges und Anstößiges
- IV. Zentrale Begriffe der Hegelschen Dialektik
- V. Dialektik in philosophiegeschichtlicher Perspektive

Zum Schluss unserer Einführung finden sich Ausblicke, mit denen wir auf das aktuelle Potential der Hegelschen Philosophie für unsere gegenwärtigen systematischen Fragestellungen hinweisen. Zudem schauen wir kurz auf einige Fragestellungen, die Hegels Denken für unsere eigenen politischen Auseinandersetzungen zu aktualisieren erlauben.

I. Themenfeld

Hegels Verständnis des Philosophierens

Die Texte Hegels stehen Leser*innen gegenüber wie ein unbezwingbares Gebirge: Karl Marx spricht diesbezüglich von einer grotesken Felsenmelodie des Hegelschen Systems. Die Abstraktheit seiner Argumente und die Gedrängtheit seiner Darstellung wirkt zudem abschreckend: Walter Benjamin hat dies einmal im Bild einer Eiswüste der Abstraktionen zum Ausdruck gebracht.

Erschwerend kommt hinzu, dass uns heutige Leser*innen von Hegels Denken und Texten zwei Jahrhunderte trennen. Dies drückt sich nicht nur in der Sprache aus. Es schlägt sich auch darin nieder, dass wir die Debatten, in denen Hegel steht, nicht aus unmittelbarer Erfahrung kennen. Gleiches gilt für die historischen und sozialen Kontexte seines Denkens.

Aus diesem Grunde ist es hilfreich, sich einige zentrale Motive des Hegelschen Philosophierens vor Augen zu führen, um uns den Einstieg zu erleichtern.

Wer denkt abstrakt?

[1] In einem zu seinen Lebzeiten unveröffentlicht gebliebenen Text, den Hegel wohl während seiner Zeit als Redakteur in Bamberg verfasst hat, geht er der Frage nach, wer abstrakt denke. Er klärt dabei, was unter dem Vorwurf, jemand denke (oder argumentiere) „abstrakt" — heute würde man vielleicht sagen: realitätsfremd oder abgehoben — zu verstehen sei. Es ist sicher kein Zufall, dass Hegel als Philosoph, dessen Denken sich im Medium der Begriffsklärung und der systematischen Ordnung unserer Kategorien bewegt, diese Frage in einer Zeit aufwirft, in der er selbst journalistisch tätig ist. In unserer Gegenwart ist viel vom Postfaktischen, von Fake News und — als Gegenzug dazu — von Fakten die Rede. Daher sind Hegels Überlegungen auch für uns interessant.

Die Debatte, so Hegel, geht von einer Voraussetzung aus:

> Was Denken, was Abstract ist, daß diß jeder Anwesende wisse, wird in guter Gesellschaft vorausgesetzt, und in solcher befinden wir uns. Die Frage ist allein darnach, wer es sey, der abstract denke? (GW 5, 382)

In dieser guten Gesellschaft geht es also um die Frage, wer sich des abstrakten Denkens schuldig gemacht habe (es handelt sich ja um einen Vorwurf, eine Kritik). Hegel lenkt unseren Blick dagegen auf den blinden Fleck in dieser Debatte. Er fragt danach, was man unter abstraktem Denken eigentlich zu verstehen habe.

> Diß heißt abstract gedacht, in dem Mörder nichts als diß Abstracte, daß er ein Mörder ist, zu sehen. (GW 5, 384)

„Abstrakt", so können wir Hegel verstehen, denkt oder argumentiert, wer eine komplexe Sache auf ein bestimmtes Merkmal, auf einen einzigen Aspekt oder eine einzelne Wirkung reduziert. Dagegen, so Hegel, komme es auf die Komplexität des Einzelfalls an und darauf, die Einzelfälle in ihren Kontexten zu verstehen:

> Ein Menschenkenner sucht den Gang auf, den die Bildung des Verbrechers genommen, findet in seiner Geschichte schlechte Erziehung, schlechte Familienverhältnisse des Vaters und der Mutter. (GW 5, 384)

Und vieles mehr. Es geht, so Hegel weiter, nicht darum, „diesen Mörder entschuldigen" zu wollen, sondern darum, den Fall in seiner Ganzheit zu betrachten. In seinem Text schildert er weitere Beispiele für einseitige und vereinfachende Darstellungen. Sie alle sind der Sache unangemessen und abstrakt, weil sie einzelne Aspekte isolieren und auf eine komplexere Darstellung verzichten. Das sieht auf den ersten Blick handfest (ein klares Merkmal) und konkret (ein bestimmter Fall) aus. Doch es handelt sich, so Hegel, bei näherem Hinsehen um eine Abstraktion, ein Ausblenden vieler relevanter Gesichtspunkte zugunsten einfacher (scheinbar konkreter) Aussagen. Mit einem Slogan gesagt, lautet Hegels Pointe: Das Konkrete ist abstrakt; und nur das komplexe und damit abstrakte Nachdenken ist konkret. -> 6, 33, 39

Bedürfnis der Philosophie

[2] Um einen philosophischen Text oder gar das Gesamtwerk von Philosoph*innen zu verstehen, ist es wichtig zu wissen, welches Verständnis von Philosophieren sich darin manifestiert. Ein solches Verständnis nennt man, weil es philosophische Annahmen über die Philosophie enthält, Meta-Philosophie. Anders gesagt: Die Philosophie fragt sich selbst nach dem Warum und dem Wie des Philosophierens.

> Wenn die Macht der Vereinigung aus dem Leben der Menschen verschwindet, und die Gegensätze ihre lebendige Beziehung und Wechselwirkung verloren haben, und Selbständigkeit gewinnen, entsteht das Bedürfniß der Philosophie. (GW 4, 14)

Als komplexe ist die Wirklichkeit vielfältig und teilweise von Gegensätzen durchzogen. Solange diese im Leben der Menschen gelebt und in ihrer Wechselwirkung produktiv gemacht werden können, bewegen wir uns in unserer Wirklichkeit. Wenn aber dieser lebendige Zusammenhang verloren geht, den Hegel als „Macht der Vereinigung" charakterisiert, entfremden sich die Menschen von sich, voneinander und von der Welt, die sie umgibt. Sie erleben in ihrer Existenz einen Mangel (an Sinn oder Orientierung). Dieser manifestiert sich dann in einem spezifischen „Bedürfnis der Philosophie".

Es geht im Philosophieren (Hegels) um die Versöhnung und Wiederherstellung von Sinn und Orientierung. Diese Vereinigung beseitigt die Unterschiede, Gegensätze oder Spannungen nicht. Das Philosophieren hilft vielmehr, sie als Momente einer komplexen Ganzheit und als produktive Faktoren zu verstehen. Es geht darum, sie so erfassen, dass sie ihren antagonistischen oder ausschließenden Charakter verlieren. Dabei müssen sie keineswegs ihre Unterschiedlichkeit oder ihre spezifische Identität aufgeben. Die Wurzel des Hegelschen Philosophierens ist das praktische Bedürfnis nach einer vernunftbasierten Integration von Unterschiedenem. Sein Ziel ist es, die „Macht der Vereinigung" und damit den Sinn des Lebens von uns Menschen durch philosophische Begründung und entsprechende Reform unserer Lebensumstände wiederherzustellen.

> Die Aufgabe der Philosophie besteht aber darin, diese Voraussetzungen zu vereinen, das Seyn in das Nichtseyn — als Werden, die Entzweyung in das Absolute — als seine Erscheinung, — das Endliche in das Unendliche — als Leben zu setzen. (GW 4, 16)

Eine kleine Nebenbemerkung: Im Fall der Philosophie gehört die Meta-Philosophie zur Philosophie hinzu. Damit thematisiert sie sich selbst, wird reflexiv und macht sich, so hätte Hegel es vielleicht ausgedrückt, als Subjekt (des Philosophierens) selbst zum Objekt (d.h. zum Gegenstand des Philosophierens). Hierin zeigt sich Hegel zufolge der Selbst-Bewusstseins-Charakter des Philosophierens, die im Prozess der Selbsterkenntnis sich selbst entfaltet und weiterentwickelt. Diese Einsicht führt uns zu zwei weiteren zentralen Motiven seiner Philosophie. -> 6, 22, 57

Antiskeptizismus

[3] Um eine philosophische Aussage zu verstehen, sind vorab immer zwei Dinge zu klären: Was ist das Problem; und wie lautet die Gegenposition? Versteht man „Antiskeptizismus" als Hegels Antwort, dann müssen wir verstehen, was das Problem ist: Es geht um die Frage, ob wir sicheres (oder auch: verlässliches) Wissen erlangen und dieses mit rationalen Methoden ausweisen können. Hegel selbst beansprucht für sein philosophisches System, philosophisches Wissen zu sein und dies rational nachvollziehbar zu begründen. Es geht also weder um Überzeugungen, die aus der alltäglichen Erfahrung gewonnen werden (z.B. „Mein Kühlschrank ist leer.") noch um das im Rahmen empirischer Wissenschaften methodisch erzeugte Wissen (z.B. durch Befragungen, Experimente oder Messungen).

Schauen wir nach möglichen Gegnern ist es hilfreich, vier Arten des Skeptizismus zu unterscheiden: Da ist als erstes die skeptische Grundhaltung zu nennen, die wir als kritische Haltung verstehen können. Hierbei geht es darum, Gründe und Belege für Behauptungen oder Anweisungen zu verlangen, um diese nachzuvollziehen oder selbst überprüfen zu können. Zweitens ist die Skepsis in Bezug auf konkrete Vorhaben zu nennen: Damit meinen wir die vorsichtige oder gar pessimistische Einstellung (oder Überzeugung) gegenüber konkreten Handlungen oder Zielen (ich kann skeptisch sein, morgen die Prüfung gut zu meistern oder jemals ein guter Artist zu werden). Von diesen beiden alltäglichen Phänomenen sind zwei philosophische Formen des Skeptizismus zu unterscheiden.
Als methodischer Skeptizismus wird das kritische Prüfen und Infragestellen von Annahmen genutzt, um Irrtümer aufzudecken, Unklarheiten zu beseitigen und so begründetes oder gar sicheres Wissen zu erlangen. Diese u.a. von Descartes eingesetzte Methode ist mit Blick auf das Ziel, philosophisch gesichertes Wissen zu erlangen, nicht skeptisch. Für Hegel stellt dieses skeptische Prüfen sogar einen unverzichtbaren Bestandteil des eigenen Philosophierens dar.

Name
René Descartes

Geburt
31. März 1596 in La Haye en Touraine

Tod
11. Februar 1650 in Stockholm

Beruf
Mathematiker, Naturwissenschaftler, Philosoph

Werke
Discours de la méthode (1637)
Les Passions de l'âme (1649)
De homine (1662)

Dagegen unterstellt der philosophische Skeptizismus in seiner radikalen Form genau dies: Dass es kein gesichertes Wissen gibt, weder im Bereich der Philosophie noch sonst wo. Kritisches Hinterfragen und methodische Skepsis werden nicht eingesetzt, um Irrtümer aufzudecken und den Weg für sicheres Wissen zu eröffnen. In dieser Variante ist die Einstellung „Wir können nichts wissen." leitend. Diese Form des rein destruktiven Skeptizismus, gegen den sich schon Platon und Aristoteles gewendet hatten, ist der Gegner Hegels. Er richtet sich gegen dessen Grundhaltung, die ein Misstrauen in die Möglichkeit von Wissen überhaupt zum Ausdruck bringt.

> Wenn die Besorgniß in Irrthum zu gerathen, ein Mißtrauen in die Wissenschaft setzt, welche ohne dergleichen Bedenklichkeiten ans Werk selbst geht und wirklich erkennt, so ist nicht abzusehen, warum nicht umgekehrt ein Mißtrauen in diß Mißtrauen gesetzt, und besorgt werden soll, daß diese Furcht zu irren schon der Irrthum selbst ist. (GW 9, 54)

Wir sollen, so lässt sich Hegels Position erläutern, gegenüber jeder einzelnen Behauptung kritisch sein, wenn es gute Gründe für unseren Zweifel gibt. Ohne die Begründung unserer kritischen Bedenken ist die Skepsis jedoch nicht angebracht. Skepsis ist kein Selbstzweck. Wir sind, solange wir keine spezifischen Einwände formulieren können, vielmehr dazu berechtigt, die fragliche Behauptung zu akzeptieren (vor allem dann, wenn Gründe für sie vorgebracht worden sind). Ein generelles Misstrauen gegenüber Wissensansprüchen dagegen ist ein skeptisches Dogma, das wir selbst kritisch hinterfragen sollten („Mißtrauen in diß Mißtrauen"). Anders gesagt: Als rationale Wesen sind wir berechtigt (und verpflichtet), jede Behauptung kritisch zu prüfen und zu hinterfragen, wenn wir Gründe für unsere Skepsis anführen können. Die Annahme dagegen, dass wir gegen alle Wissensansprüche insgesamt skeptisch sein können, führt in die Irre und entbehrt selbst einer rationalen Grundlage. -> 6, 28, 57

Interner Maßstab

[4] Bei der Überprüfung von Wissensansprüchen geht es immer auch um die Klärung, worin Wissen überhaupt besteht. Damit machen wir die Wahrheit zum Gegenstand unseres Erkennens. Dies scheint ein nicht abschließbares Einfallstor für Irrtümer zu sein. Hegel umschreibt dies so:

> Untersuchen wir nun die Wahrheit des Wissens, so scheint es, wir untersuchen, was es an sich ist. Allein in dieser Untersuchung ist es unser Gegenstand, es ist für uns; und das an sich desselben, welches sich ergäbe, wäre so vielmehr sein Seyn für uns; was wir als sein Wesen behaupten würden, vielmehr nicht seine Wahrheit, sondern nur unser Wissen von ihm. (GW 9, 58 f.)

Unser Versuch, die Wahrheit an sich erkennen zu wollen, scheint daran zu scheitern, dass wir uns immer nur auf unser Konstrukt dieser Wahrheit beziehen können. Ohne Erkenntnisanstrengung kommen wir nicht zur Wahrheit; mit dieser Anstrengung enden wir immer bei der Wahrheit, wie sie für uns erscheint.
Damit aber lässt sich der Skeptizismus nicht ausräumen:

> Das Wesen oder der Maßstab fiele in uns, und dasjenige, was mit ihm verglichen, und über welches durch diese Vergleichung entschieden werden sollte, hätte ihn nicht nothwendig anzuerkennen. (GW 9, 59)

Anders formuliert: Solange der Maßstab dem Gemessenen äußerlich bleibt, ist der Skeptizismus nicht zu überwinden.
Deshalb muss Hegel eine Konzeption entfalten, in der er den Gegensatz von erkennendem Subjekt und zu erkennender Wahrheit überwindet. Zugleich muss darin der Maßstab der „Vergleichung“ als internes Moment enthalten sein. Sein Vorschlag, welchen er dann als System ausarbeitet, lautet: Im Selbstbewusstsein finden wir eine Struktur vor, die den formulierten Bedingungen genügt. Als Bewusstsein ist es ein Erkennen und Wissen von sich; als Selbstbewusstsein ist es zugleich nicht nur identisch mit dem Objekt seiner Erkenntnis (es erkennt sich selbst). Sondern es weiß auch, dass es sich bei der vorliegenden Erkenntnis um Selbsterkenntnis handelt. Der Unterschied zwischen „Ich habe Hunger.“ und „Er hat Hunger.“ macht dies deutlich.

Selbstbewusstsein wird von Hegel als wissende Selbstbeziehung und Einheit des Gegensatzes von Subjekt (Wissen) und Objekt (Wahrheit) entfaltet:

> Das Bewußtseyn gibt seinen Maßstab an ihm selbst; und die Untersuchung wird dadurch eine Vergleichung seiner mit sich selbst seyn. (GW 9, 59)

Indem wir Philosophie insgesamt als Subjektivitätsstruktur organisieren, können wir die kritische Prüfung als internen Prozess der Weiterentwicklung und Selbstrealisierung verstehen. Dabei müssen (und können wir) keinen externen Maßstab anlegen. Denn indem wir Wissensansprüche erheben und einlösen, partizipieren wir an genau der Struktur, die wir philosophisch zu begreifen versuchen. Kurz gesagt: Durch unsere philosophischen Anstrengungen hindurch realisiert sich die Selbsterkenntnis der Vernunft.
Dies hat Hegel in einer berühmt gewordenen Formulierung selbst so auf den Punkt gebracht:

> Es kömmt nach meiner Einsicht, welche sich durch die Darstellung des Systems selbst rechtfertigen muß, alles darauf an, das Wahre nicht als Substanz, sondern eben so sehr als Subject aufzufassen und auszudrücken. (GW 9, 18) -> 6, 11, 24, 28

Übergang

[5] Hegel hat Zeit seines Lebens daran gearbeitet, für diese zentralen Motive seines Philosophierens die angemessene Form zu entwickeln. In der Vorrede seiner *Phänomenologie des Geistes* bringt er die Grundstruktur in prägnanten Worten zum Ausdruck:

> Das Wahre ist das Ganze. Das Ganze aber ist nur das durch seine Entwicklung sich vollendende Wesen. Es ist von dem Absoluten zu sagen, daß es wesentlich Resultat, daß es erst am Ende das ist, was es in Wahrheit ist; und hierin eben besteht seine Natur, Wirkliches, Subject, oder sich selbst Werden, zu seyn. (GW 9, 19)

Den zentralen Denkmotiven, die sich diesen Sätzen entnehmen lassen, werden wir in den Themenfeldern noch nachgehen. Dabei beginnen wir mit einer Schlussfolgerung, die Hegel selbst aus dem Gesagten ableitet:

> Unter mancherley Folgerungen, die aus dem Gesagten fließen, kann diese herausgehoben werden, daß das Wissen nur als Wissenschaft oder als System wirklich ist, und dargestellt werden kann. (GW 9, 21)

Machen wir uns also auf den Weg, die Architektur dieses Systems kennenzulernen. -> 6, 34, 43

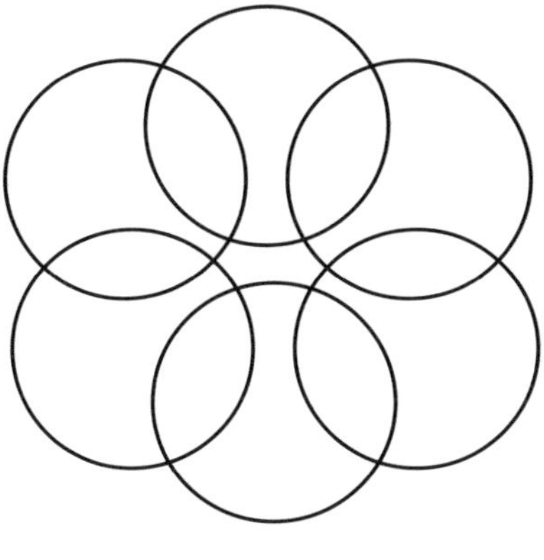

II. Themenfeld

Die Architektur des Systems

Hegels Grundgedanke

[6] In seiner *Wissenschaft der Logik* entwickelt Hegel ein Netzwerk von Kategorien. Dieses Netzwerk stellt er als Prozess und Resultat eines Selbstverwirklichungsprozesses dar. Darin findet die Ausdifferenzierung von Subjektivität statt, die sich durch die Erzeugung einzelner Kategorien selbst bestimmt. Dieser Erzeugungsprozess hat eine dialektische Struktur. Er vollendet sich in einem System, welches in sich vollständig und in seiner Entwicklung alternativlos ist. Diese Subjektivität ist, so Hegels Grundannahme, absolut. Deshalb muss der Selbstverwirklichungsprozess Ausdruck autonomer Selbstbestimmung sein. Zugleich darf er keine äußere Begrenzung, keinen von der Subjektivität unabhängigen Gegenstandsbereich haben. Damit handelt es sich bei diesem Prozess um eine interne Selbstdifferenzierung und -verwirklichung, die als Resultat eine allumfassende Totalität bildet. Diese lässt sich als sinnvoll organisierte Gesamtstruktur durch die Philosophie als vernünftig und damit als rational begründbar ausweisen. -> von überall nach überall

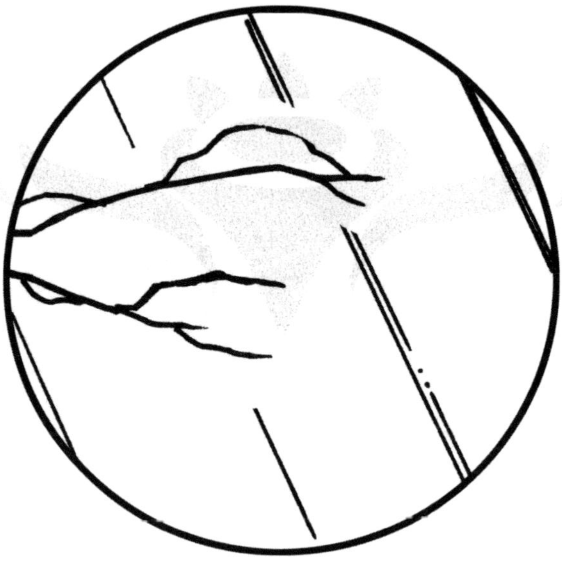

Subjektivität als Substanz

[7] Mit seiner Systemidee schließt Hegel an Kants Anspruch und Fichtes Programm an, aus dem reinen, nicht empirischen Selbstbewusstsein die universal gültigen Grundkategorien des Denkens zu entwickeln. Dabei geht er entscheidend über beide hinaus, indem er seine Logik zugleich als Ontologie betreibt. Die im dialektischen Prozess erzeugten Kategorien sind nicht nur Denkbestimmungen, die wir zur Erkenntnis einer von unserem Denken unabhängigen Wirklichkeit verwenden. Sondern sie bilden zugleich auch die Struktur der Realität — Hegel spricht von Vernunft — selbst, die damit der philosophischen Erkenntnis zugänglich ist. Im Denken beziehen wir uns nicht auf ein unerkennbares, in seiner Struktur nicht zu erfassendes Ding an sich, welches uns nur von außen anstößt. Hegels Rede von objektiven Gedanken bringt seine These zum Ausdruck, dass es zwischen erkennendem Subjekt und zu erkennendem Objekt eine Strukturidentität gibt (dies verbirgt sich hinter seiner berühmten Aussage, dass die Substanz zugleich als Subjekt aufzufassen sei).

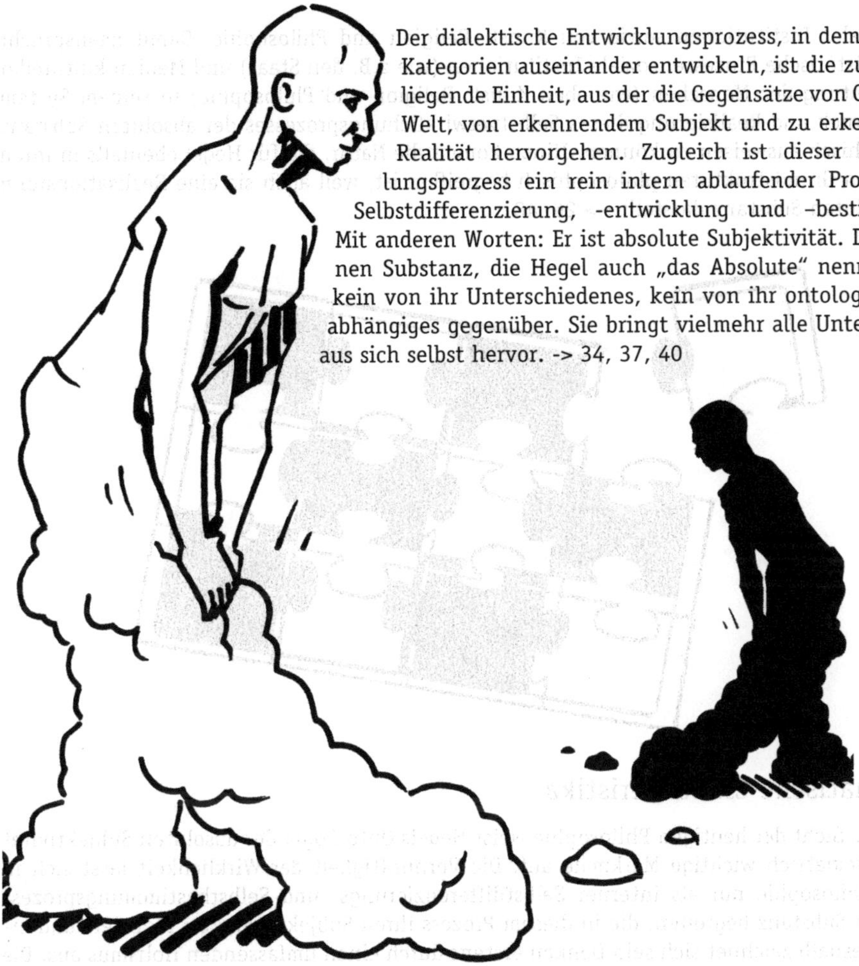

Der dialektische Entwicklungsprozess, in dem sich die Kategorien auseinander entwickeln, ist die zugrundeliegende Einheit, aus der die Gegensätze von Geist und Welt, von erkennendem Subjekt und zu erkennender Realität hervorgehen. Zugleich ist dieser Entwicklungsprozess ein rein intern ablaufender Prozess der Selbstdifferenzierung, -entwicklung und -bestimmung. Mit anderen Worten: Er ist absolute Subjektivität. Dieser einen Substanz, die Hegel auch „das Absolute" nennt, steht kein von ihr Unterschiedenes, kein von ihr ontologisch Unabhängiges gegenüber. Sie bringt vielmehr alle Unterschiede aus sich selbst hervor. -> 34, 37, 40

Konvergenz von Vernunft und Wirklichkeit

[8] Das Wesen der Substanz ist es, sich selbst in selbstbezüglichen Prozessen zu differenzieren und sich darin zu realisieren. Diese Selbstverwirklichung ist das Ziel der gesamten Entwicklung und die Grundstruktur aller Realität überhaupt. Die Realität ist für Hegel insofern und insoweit „wirklich", als sie vernünftig ist, d.h. sich philosophisch als Manifestation dieses einen Selbstbestimmungsprozesses begreifen lässt.

Die Konvergenz von Vernunft und Wirklichkeit auszuweisen ist die Aufgabe der Philosophie. Um sie erfüllen zu können, muss sie die Struktur dieses Prozesses, in dem sich die Vernunft realisiert, in ihrer Systematik zum Ausdruck bringen. Gelingt dies, bewährt sich das damit entwickelte (Hegelsche) System als adäquate Selbsterkenntnis der absoluten Substanz. Anders gesagt: Das philosophische System Hegels wird auf diese Weise als Ziel der Entwicklung der absoluten Substanz ausgewiesen. Dieser Entwicklungs- und Selbsterkenntnisprozess ist Hegel zufolge nicht auf einen rein kognitiven Vorgang (philosophischen Nachdenkens) zu beschränken. Er liefert auch den Schlüssel zur Interpretation der historischen Veränderungen sozialer Institutionen sowie von Kunst, Religion und Philosophie. Damit beansprucht Hegel, historische Prozesse, soziale Institutionen (wie z.B. den Staat) und Medien kultureller Selbstdeutung des Menschen (wie eben Kunst, Religion und Philosophie) in seinem System als Ausdruck und Realisierung dieses Selbstverwirklichungsprozesses der absoluten Substanz philosophisch ausweisen zu können. Hinzu kommt die Natur, die für Hegel ebenfalls in ihren rationalen Grundstrukturen philosophisch begreifbar ist, weil auch sie eine Realisationsform der absoluten Substanz darstellt. -> 26, 48

Systematische Charakteristika

[9] Aus Sicht der heutigen Philosophie weist Hegels Onto-Logik der absoluten Subjektivität zwei systematisch wichtige Merkmale auf: Die Vernünftigkeit der Wirklichkeit lässt sich in Hegels Philosophie nur als interner Selbstdifferenzierungs- und Selbstbestimmungsprozess der einen Substanz begreifen, die in diesem Prozess ihren Subjektcharakter realisiert und erkennt. Deshalb zeichnet sich sein Denken erstens durch einen umfassenden Holismus aus: Die Bedeutung einzelner Kategorien (und damit letztlich aller Phänomene) wird durch ihre Stellung in diesem Prozess bestimmt. Hegel fasst einzelne Phänomene (oder Kategorien) nicht als selbstständige Teile auf, deren Bedeutung man durch Abstraktion oder Isolation vom Ganzen ermitteln kann. Vielmehr gewinnen die Teile erst durch ihren Platz im Ganzen ihre Bedeutung. Sie sind nicht als selbständige Atome zu verstehen, sondern müssen, so Hegels Ausdruck dafür, als Momente einer Totalität (d.h. einer komplexen Ganzheit) aufgefasst werden.

Zweitens lehnt Hegel jede erkenntnistheoretische oder ontologische Konzeption ab, die das erkennende Denken und den zu erkennenden Gegenstand strikt trennt. Er weist nicht nur die skeptische Position eines unerkennbaren, begrifflich nicht strukturierten Dings an sich zurück. Er verwirft auch die weit verbreitete Vorstellung, der zufolge die Wahrheit einer Aussage darin besteht, sich auf eine von unserem Denken unabhängige Tatsache zu beziehen. Da man diesen wahrheitserzeugenden Bezug traditional als Übereinstimmung von Denken und Sein analysiert hat, spricht man in der Philosophie auch von einer Korrespondenztheorie der Wahrheit: Unsere Aussagen werden durch ihnen korrespondierende Tatsachen in der Welt ‚wahr' gemacht: So wird meine Behauptung, dass vor meinem Fenster jetzt gerade die Sonne scheint, durch die Tatsache wahrgemacht, dass jetzt draußen gerade vor meinem Fenster die Sonne scheint.
Hegel lehnt die Annahme, es gebe ein vom Denken unabhängiges Sein, ab, weil sonst die absolute Subjektivität nicht absolut sein könnte. Deshalb kann er Wahrheit auch nicht als Entsprechung des Denkens mit etwas von ihm unabhängigen, als Korrespondenz mit einer außer ihm liegenden Tatsache auffassen. Seine Alternative legt ihn auf einen Kohärentismus fest: In einer kohärentistischen Konzeption wird Wahrheit als Passung aller Kategorien und Phänomene, also als stimmiger und vernünftiger Zusammenhang konzipiert. Die Wahrheit einer Aussage besteht nicht in einem Bezug auf eine außersprachliche Wirklichkeit (einer Tatsache). Sie liegt in dem Sinnzusammenhang, der sie mit anderen Aussagen verbindet. Folgt man Hegels Vorschlag, die Wirklichkeit als Selbstverwirklichung und Entfaltung (oder Ausdifferenzierung) der absoluten Subjektivität zu begreifen, dann besteht die Wahrheit am Ende dieses Prozesses darin, dass dieser Prozess vollendet und philosophisch angemessen zum Ausdruck gebracht worden ist. Genau dies zu leisten hat Hegel für sein eigenes philosophisches System beansprucht. -> 22, 23, 34, 43, 50

Drei inhaltliche Konsequenzen:

[10] Hegels Philosophie ist erstens ein radikaler Monismus: In ontologischer Hinsicht gibt es nur eine Substanz (die absolute Substanz) und in methodologischer Hinsicht gibt es mit der absoluten Subjektivität nur ein Prinzip (der Selbsterkenntnis und –realisierung). Zudem konvergieren in Hegels Onto-Logik Ontologie und Methode. Seine Philosophie ist auch in dieser Hinsicht monistisch: Der Gegensatz von Denken und Sein wird in die eine sich als Subjektivität selbst realisierende und erkennende Substanz aufgelöst. -> 34, 48, 50

[11] Zweitens vertritt Hegel einen durchgängigen Rationalismus, der von der prinzipiellen Erkennbarkeit und Vernünftigkeit der Wirklichkeit ausgeht. Am ehesten kann man diese Metaphysik als Ontologie propositionaler Strukturen auffassen. Diese werden aber nicht statisch als Sammlung für sich bestehender Sachverhalte gedacht. Sie sind vielmehr Momente des Selbstverwirklichungsprozesses der absoluten Subjektivität, sodass die Vernünftigkeit der Teile von ihrer Stellung in einem insgesamt als vernünftig ausgewiesenen Ganzen festgelegt wird. -> 26

[12] Damit entwirft Hegel drittens eine essentialistisch-teleologische Ontologie: Empirische Phänomene (wie raum-zeitliche Einzeldinge, Ereignisse etc.) haben wesentliche Eigenschaften, die ihre Essenz ausmachen. Hegel bestreitet die Existenz dieser Phänomene keineswegs, beansprucht aber für die philosophische Erkenntnis, ihre Vernünftigkeit und damit ihre Wirklichkeit auszuweisen. Dazu sind zwei Schritte notwendig: Zum einen ist zu klären, ob eine einzelne Entität ihrem Artbegriff entspricht, d.h. eine ‚wahre' Manifestation ihres spezifischen Begriffs ist. Kommen diesem konkreten Exemplar (z.B. einem einzelnen Tier, einem konkreten Staat oder einem bestimmten Kunstwerk) alle wesentlichen Eigenschaften zu? Oder fehlen Merkmale, die für eine Entität dieser Art aufgrund seiner Essenz vorliegen müssten? Hegel erklärt die ziel- und zweckgerichtete Entwicklung konkreter Phänomene dann damit, dass es einen teleologischen Prozess der Wesensverwirklichung gibt, an dem alles partizipiert. Dies lässt zu, dass einzelne Exemplare daran scheitern, ihre Essenz angemessen zu verwirklichen.

Zum anderen ordnet Hegel die verschiedenen Essenzen (z.B. eine Katze oder ein Staat zu sein) in den Entwicklungsprozess der absoluten Substanz ein. Da dieser als Selbstverwirklichung konzipiert ist, kann Hegel die verschiedenen Essenzen durch ihren spezifischen Ort innerhalb dieses Prozesses in eine teleologische Rangordnung bringen. Das Kriterium der Zuordnung ist der Grad, in dem ein bestimmtes Phänomen die Struktur der absoluten Subjektivität realisiert. So sind für ihn z.B. teleologische Lebensprozesse auf einer höheren Stufe anzusiedeln als etwa rein mechanische Prozesse (auf der Ebene der Physik).
Wenn Hegel in seiner philosophischen Ontologie von wirklicheren oder höheren Entitäten spricht, bestreitet er nicht die Existenz der niederen. Er bringt zum Ausdruck, dass sie, gemessen an seinem essentialistisch-teleologischen Kriterium, auf einer niedrigeren Stufe stehen. Der philosophische Standard beruht auf der Prämisse, dass jedes Phänomen als Moment des Absoluten begriffen werden kann und muss. Die Komplexität des Phänomens und der Grad der individuellen Wesensverwirklichung ermöglichen es Hegel dann, einzelne Phänomene sowie Arten und Ebenen der Realität in seinem System in einen teleologischen Gesamtkontext einzuordnen. -> 1, 53

Die Architektur des Systems

[13] Das organisierende Prinzip des Hegelschen Systems ist die sich selbst entfaltende und darin verwirklichende absolute Subjektivität. Das philosophische System ist der End- und Kulminationspunkt ihres Selbsterkenntnisprozesses. Sie verwirklicht sich durch das Philosophieren des Menschen, hier Hegels, hindurch. Um dieser Aufgabe gerecht werden zu können, muss das System in seiner Architektur der Gesamtstruktur der absoluten Subjektivität entsprechen. Da sie sich in den dialektischen Aufhebungsprozessen von These, Antithese und Synthese realisiert, besteht das Gesamtsystem aus drei Teilen, welche wiederum in Dreischritten weiter unterteilt werden.
-> 47, 50

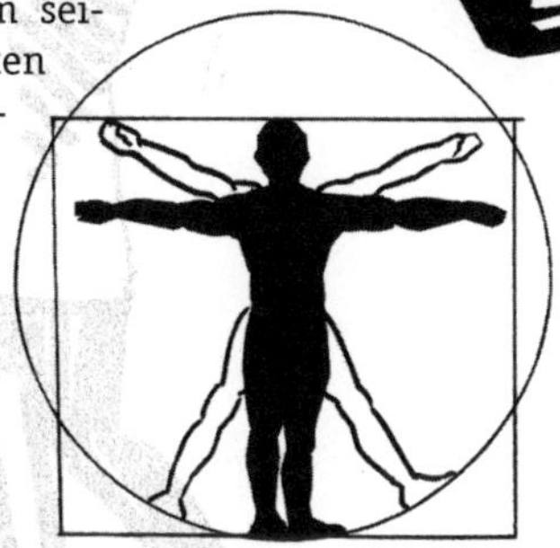

[14] Auf der obersten Ebene ist Hegels System in die Logik, die Natur- und die Geistphilosophie eingeteilt. Hegel charakterisiert diese drei Teile als Entwicklungsstufen der absoluten Subjektivität (in seiner Terminologie „die Idee"). In der Logik, dem ersten Systemteil, bewegt sich das Denken innerhalb der Sphäre der Kategorien. Die absolute Subjektivität bleibt innerlich und ganz bei sich, im Medium des reinen, apriorischen Denkens. Sie bezieht sich ausschließlich auf die von ihr spontan erzeugten Kategorien.
Im zweiten Teil des Systems, der Naturphilosophie, liegt die absolute Subjektivität als Gesamtstruktur der Natur in Raum und Zeit ausgebreitet vor. Die Natur ist mit der absoluten Subjektivität strukturell identisch und daher auch einer genuin philosophischen Erkenntnis und Systematisierung zugänglich. Weil die Natur selbst kein Verständnis von dieser Struktur ausbildet, liegen die Bestimmungen der absoluten Idee hier nebeneinander, ohne dass sich ihr innerer Zusammenhang in der Natur selbst realisieren kann. Hegel spricht daher von der Natur auch als der Idee in ihrem Anders- oder ihrem Außer-sich-sein. Damit stellt die Natur die Antithese zur These der reinen Innerlichkeit der absoluten Subjektivität, die der Logik zugrunde liegt, dar. Dieses Defizit, welches die Natur als Manifestation der absoluten Subjektivität aufweist, verhindert die angemessene Selbstverwirklichung der Idee.

Dieses Defizit wird im Geist, dem dritten Systemteil, behoben. Geistige Phänomene zeichnen sich durch eine stufenweise komplexer werdende Repräsentation ihrer eigenen Struktur (eine Art Wissen von sich selbst) aus. Diese interne Repräsentation ist Teil der für den Geist typischen Kategorien: Es gehört zum Begriff der Seele, ein Bewusstsein ihrer selbst zu haben. Dieses Bewusstsein ihrer selbst wird in den verschiedenen Stufen des Geistes komplexer und weist zunehmend begriffliche Binnenstrukturen auf. So haben z.B. Prädikate, die auf psychische Vorgänge zielen, immer die Bedeutungsdimension, die auf subjektives Erleben (wie z.B. Schmerz oder Melancholie) verweist. Oder sie setzen sogar begrifflich strukturierte Überzeugungen des Subjekts voraus (z.B. „Ich bin stolz, dass ich mich für Philosophie interessiere."). Mit solchen Aussagen schreibt sich ein Subjekt selbst zu, Subjekt bestimmter geistiger Episoden (hier, Stolz zu empfinden) zu sein.
In diesen geistigen Phänomenen mit den eingeschriebenen Binnenstrukturen bezieht sich die Idee durch die endlichen Subjekte hindurch auf sich selbst. Denn sowohl das gesamte Phänomen (dass eine Seele sich selbst empfindet) als auch die Repräsentationen (die Selbstzuschreibung, dass ich stolz bin) realisieren die Struktur der absoluten Subjektivität. Deshalb kommt es im Geist zu einer stufenweise komplexer werdenden Verwirklichung des Subjektcharakters der absoluten Subjektivität. Da geistige Phänomene stets auch Teil der Natur, also endliche Subjekte immer auch leibliche Wesen sind, stellt der Geist die Rückkehr (Synthese) der Idee aus dem Modus des Andersseins (Antithese) zu sich selbst dar. Dies ist aber kein Rückfall in die reine Innerlichkeit des logischen Denkens, da sich dieser Selbstbezug über den Umweg von Repräsentationen vollzieht, der die Endlichkeit und Natürlichkeit der Subjekte voraussetzt. Kommt es dann am Ende der Geistphilosophie im absoluten Geist zu einer adäquaten Repräsentation der Struktur der absoluten Subjektivität, ist das Ziel erreicht: Die These des reinen Selbstbezugs ist mit der endlichen Naturseite (Antithese) in der angemessenen Repräsentation zu einer Synthese vereinigt. -> 38

Systematische Konsequenzen

Dieser Gesamtaufbau des Systems, dessen konkrete Durchführung in den einzelnen Systemteilen hier nicht erläutert werden kann, wirft einige philosophisch wichtige Fragen auf.

Logik und Realphilosophien?

[15] Man kann mit Recht die Logik den anderen beiden Systemteilen gegenüberstellen, weil die Logik rein intern bleibt, Natur- und Geistphilosophie dagegen über einen Außenbezug bzw. die Rückkehr aus diesem Außersichsein organisiert sind. Diese Differenz schlägt sich in der Rede von der Logik im Gegensatz zu den beiden realphilosophischen Systemteilen nieder. Realphilosophisch sind die Natur- und die Geistphilosophie insofern, als die Idee über einen Umweg zu sich selbst zurückkehrt. Würde man nun die drei Systemteile als zeitliche Entwicklung begreifen, käme es zu der Frage, weshalb und wie sich die reine Idee in die Natur entäußert. Da die in der Logik entwickelten Kategorien alle drei Systemteile übergreifen, kann die Gegenüberstellung von Logik und Realphilosophien in Form einer zeitlichen Abfolge nicht korrekt sein. Zur Vermeidung dieses Missverständnisses hat Hegel mit seiner eigenen Erläuterung des Übergangs von Logik zur Natur leider nicht beigetragen. Seine Rede davon, die absolute Idee habe sich „als Natur frei aus sich zu entlassen" (GW 20, 231), um ihre „absolute Freiheit" zu manifestieren, nährt bis heute den Verdacht, Hegel habe eine philosophisch verklärte Version des christlichen Schöpfungsgedankens vorgetragen. -> 27

Natur versus Geist?

[16] Anders sieht es mit der von Hegel entwickelten Konstellation von Natur und Geist aus. Man darf diesen Übergang nicht im Sinne einer evolutionstheoretischen Genese missverstehen. Stattdessen begreift Hegel den Geist als Rückkehr der absoluten Idee aus der Natur zu sich selbst. Natur und Geist sind damit in einem logischen Bedingungsverhältnis positioniert: Die Natur (als Antithese) bleibt im Geist (als Synthese) erhalten. Beide müssen als Momente der komplexen Einheit verstanden werden.

Mit dieser holistischen Konzeption verabschiedet sich Hegel von der bis heute wirkmächtigen Vorstellung, unsere Wirklichkeit bestehe aus übereinander gelagerten Schichten. Bei ihm handelt es sich um Teilaspekte einer holistisch und dynamisch verstandenen Ganzheit. Damit sind weder reduktionistische Modelle, die Geistiges beispielsweise auf Physisches (etwa Geist auf Gehirn) zurückführen wollen, vereinbar. Noch lässt sich aus Hegels Philosophie ein ontologischer Dualismus (klassisch: Körper versus Geist) ableiten. -> 10, 53

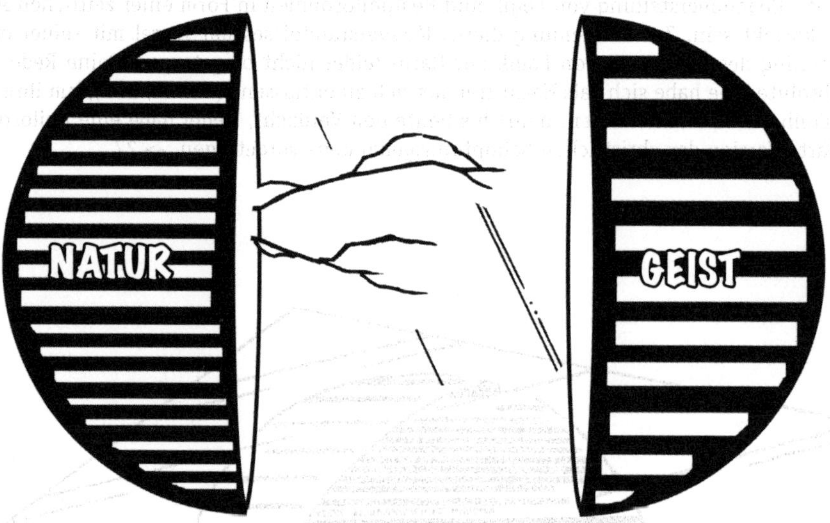

Die Struktur des Geistes?

[17] Die Geistphilosophie gliedert sich in drei Teile: den subjektiven Geist (welche ungefähr der heutigen Philosophie des Geistes entspricht), den objektiven Geist (Hegels praktische Philosophie) und den absoluten Geist (Hegels Philosophie der Kunst, der Religion und der Philosophie selbst). Bis heute systematisch faszinierend ist, dass Hegel alle diese Phänomene als Aspekte des Geistigen in eine Gesamtkonzeption integriert hat. Zu klären bleibt allerdings, ob sich in diesem Bereich unterhalb der von seiner Systemkonzeption festgelegten Anordnung grundlegende Differenzen befinden. Diese könnten aus philosophischer Sicht dagegensprechen, den Geist als ein einheitliches Phänomen aufzufassen. Zum einen ist zu klären, ob in diesem Bereich nach sprachlich und nicht-sprachlich strukturierten Phänomen zu unterscheiden wäre (ob es also nicht begrifflich verfasste geistige Zustände gibt). Zum anderen ist zu erörtern, wie sich geistige Zustände eines individuellen Subjekts zu den sozialen und kulturellen Phänomen verhalten, die sich nicht auf individuelle Eigenschaften einzelner Subjekte reduzieren lassen. -> 23, 25

Ein Zwischenfazit

[18] Hegels System liegt der Gedanke eines in sich selbst zurücklaufenden Kreises zugrunde, der seine Bewegung in Entwicklungsschritten vollzieht, die selbst wieder als in sich zurücklaufende Kreise zu entwickeln sind (siehe GW 20, 56). Die Totalität der Selbstverwirklichung liegt nicht am Ende des Systems vor uns, sondern wird durch die Gesamtarchitektur des Systems zum Ausdruck gebracht. Genauer gesagt besteht diese Selbstverwirklichung nicht in den von Hegel niedergeschriebenen Paragraphen, sondern vollzieht sich im philosophischen Nachvollzug des Ausgesagten durch die philosophischen Leser*innen.
Als Text kann diese Systemidee daher nicht adäquat zum Ausdruck gebracht werden. Die Prozesshaftigkeit wird durch den nachdenkenden Vollzug von uns Rezipient*innen realisiert. Als endliche Subjekte vollziehen wir dies in der Zeit, d.h. in einem zeitlichen Nacheinander. Diese Linearität wird durch das Medium Text, genauer durch die Darstellung des Systems als Buch, noch verstärkt. Deshalb müssen wir uns verdeutlichen, dass die philosophische Entwicklung im System selbst keine zeitliche, sondern eine dialektisch-logische ist. Die Natur kommt nicht zeitlich nach der Logik oder vor dem Geist. Es handelt sich nicht um kausale Genesen wie etwa in der Evolutionstheorie. Selbst die Anordnung der Phänomene, die Hegel in seiner Philosophie des absoluten Geistes behandelt, werden nicht als zeitliches Nacheinander von Kunst, Religion und Philosophie gedeutet. -> 38

[19] Zugleich hat Hegel die Phänomene des Geistes auch in ihrer historischen Abfolge angeordnet. Er geht davon aus, dass die historische Entwicklung von sozialen Institutionen, religiösen Weltbildern oder auch philosophischen Theorien ein genuiner Teil der Selbstverwirklichung und Selbsterkenntnis der absoluten Subjektivität ist. Dies beruht auf seiner geschichtsphilosophischen These, dass diese Entwicklung in der Zeit selbst Vernunftgeschichte, Geschichte der sich im Geist realisierenden absoluten Subjektivität ist. Hegel spricht diesbezüglich vom „Fortschritt im Bewusstsein der Freiheit" als Motor und Kriterium für diesen Prozess. Mit Blick auf den Systemanspruch des Hegelschen Philosophierens müssen wir also festhalten: Die Geschichte und historische Entwicklungen sind Teile des Systems. Zugleich soll ihre philosophisch-systematische Durchdringung und Anordnung Hegels Gesamtkonzeption rechtfertigen. Aber diese Selbstentwicklung der absoluten Subjektivität selbst wird von Hegel nicht als historische Genese und Evolution in der Zeit gedacht. Sie ist das reine Denken ihrer selbst. -> 26, 29

[20] Selbstverständlich ist dieses System von Hegel zu einem bestimmten historischen Zeitpunkt ausgearbeitet worden. Es zu entwickeln und aufzuschreiben, hat den Autor Hegel sicher viel Zeit gekostet. Sein Anspruch an das, was er in diesem Prozess zum Ausdruck gebracht hat, zielt jedoch auf einen onto-logischen Prozess. Dieser manifestiert sich zwar in unserer empirischen Realität, ist philosophisch aber zugleich als Ausdruck der absoluten Subjektivität zu begreifen.
Aufgrund des konsequent durchgeführten Holismus und Kohärentismus lassen sich die einzelnen Teile des Systems nur durch die Einordnung in das Ganze verstehen. Das Rätselhafte und Unverständliche, das viele der Formulierungen Hegels ausstrahlen, ist nur zu entschlüsseln, wenn es auf die von ihm unterlegten und stets vorausgesetzten Systemgedanken der absoluten Subjektivität bezogen wird (siehe Themenfeld III). Zudem ist es erforderlich, die grundlegenden Begriffe und Konzeptionen dieses Gedankens zu verstehen (siehe dazu Themenfeld IV). Nur so klärt sich einiges von dem, was Hegels Zeitgenossen, aber auch heutige Leser*innen strittig oder gar anstößig finden, auf (siehe Ausblick).

[21] Eine Provokation jedoch besteht bis heute: Wenn Hegel Recht hat, dann ist die Philosophie mit seinem System zu ihrem Ende gekommen. Philosophieren nach Hegel ist dann entweder ein Rückfall hinter die in seinem System erreichte Selbsterkenntnis der absoluten Subjektivität. Oder es muss sich darauf beschränken, die von Hegel nicht vollständig bearbeiteten Teile des Systems auszugestalten und aufzufüllen. Beide Tendenzen lassen sich bis heute immer wieder beobachten.
Ein anderer Ausweg besteht darin, Hegels These von der Vollendung der Philosophie in seinem System zu akzeptieren und aus der Philosophie auszusteigen. Solch ein Exodus kann auf unterschiedliche Weisen geschehen. So kann man beispielsweise aus dem rationalen Diskurs ins-

gesamt aussteigen und sich esoterischen oder irrationalen Weltbildern und Ideologien zuwenden. Das hat allerdings, wie wir gegenwärtig wieder feststellen müssen, einen hohen Preis.
Diesseits eines solchen Abschieds von der Vernunft bleiben zwei große Türen offen, durch die seit Hegels Tod viele gegangen sind (und bis heute gehen). Zum einen kann man sich anderen Wissens- und Wissenschaftsformen zuwenden. Historisch haben die Natur- und Geisteswissenschaften in vielen Kontexten die Fragestellungen der Philosophie transformiert und zu ihrer eigenen Sache gemacht. Nicht nur theologische Weltdeutungen, sondern auch philosophische Erklärungsansprüche werden dann als nicht begründbare, empirisch nicht belegbare oder auch einfach als unnütze Behauptungen abgelehnt. Diese szientistische oder kulturalistische Grundhaltung prägt unsere Gesellschaft gegenwärtig nachdrücklich. Durch die andere Tür sind nach Hegels Tod alle diejenigen gegangen, die aus Hegels Philosophie den Schluss ziehen, es komme nun darauf an, die Theorie in der Praxis zu verwirklichen. Für diese Option steht sicher Karl Marx als prominentester Vertreter. Die Vorstellung aber, in der Theorie sei unser Wissen vollendet und es komme nun (nur) noch darauf an, diese Theorie anzuwenden oder umzusetzen, ist weit über den Kreis des Marxismus hinaus verbreitet.
Abschließend wollen wir auf eine weitere Option hinweisen, sich dem Hegelschen Anspruch zu stellen, mit seinem System sei das Projekt der Philosophie vollendet. Sie besteht darin, seine Argumente und Begründungen philosophisch-kritisch zu prüfen. Es reicht sicher nicht, Hegels Philosophie einfach zu ignorieren. Dazu sind seine Einsichten zu tief und seine Kritik an alternativen philosophischen Annahmen und Konzeptionen zu gut begründet. Philosophische Argumente einfach zu übergehen, wenn sie Einwände gegen die eigene Position formulieren, ist keine geeignete Strategie für die Philosophie. Es ist daher zu prüfen, ob und an welcher Stelle Hegels Analysen philosophisch einseitig oder unangemessen sind. Es ist zu schauen, ob er in seinem Gang durch die Philosophie denkbare Alternativen übersehen hat, die nicht in seinem System aufgehen. Und es ist zu zeigen, dass und an welcher Stelle seine Argumentation defekt ist. Alles dies setzt allerdings die Bereitschaft voraus, sich mit Hegels Philosophie kritisch und detailliert zu beschäftigen. -> 1, 2, 3

III. Themenfeld

Rätselhaftes, Strittiges, Anstößiges

Die Liste der Aussagen Hegels, die sich dem ersten oder leichten Zugang verschließen, ist lang. Unsere kleine Auswahl von vier dieser Rätsel enthält solche, in denen sich zentrale Denkmotive seines Philosophierens verbergen. Sie stammen aus unterschiedlichen Abschnitten seines Schaffens, wirken aber durch sein gesamtes Denken hindurch.

Liebe

[22] Hegel möchte die Entzweiung und Verhärtung der Gegensätze überwinden, ohne die Komplexität des Ganzen zu reduzieren. Spannungen und Unterschiede sollen zusammengedacht und gelebt werden können. Die integrative Einheit lässt sich nur als dynamisches Geschehen philosophisch begreifen. Darin soll es den Menschen möglich sein, beides: Individualität und Gemeinschaft, gleichermaßen zu realisieren. Für diesen Anspruch steht bei Hegel, gerade in seinen frühen Schriften, die Liebe:

> Wahre Vereinigung, eigentliche Liebe findet nur unter Lebendigen die an Macht sich gleich, und also durchaus füreinander lebendige, von keiner Seite gegeneinander todte sind statt; sie schliest alle Entgegensetzungen aus. (GW 2, 84)

Theodor W. Adorno, liest Hegel in Hollywood

In der Liebe wird Entgegensetzung, also die Konfrontation der Unterschiede, ausgeschlossen. Das bedeutet nicht, dass die Individualität der Einzelnen beseitigt werden soll:

> In der Liebe ist das getrennte noch aber nicht mehr als getrenntes, als einiges, und das Lebendige fühlt das Lebendige. (GW 2, 86)

In der Liebe geht es nicht darum, die eigene Individualität (oder die des geliebten Gegenübers) zugunsten einer kollektiven Identität aufzugeben. Nur in der und durch die Liebe kann die eigene Individualität anerkannt werden. Wird sie wechselseitig vollzogen, so können wir Hegel verstehen, manifestiert sich darin die gelebte Solidarität eines geteilten Wir. -> 1, 37, 55

Ich & Wir

[23] Die in Gestalt der Liebe entfaltete Struktur entwickelt Hegel später weiter; sie bildet ein Herzstück in der *Phänomenologie des Geistes*. Sie wird zur Grundstruktur seiner Konzeption des Geistes und seiner Analyse von Anerkennungsprozessen.

> Was für das Bewußtseyn weiter wird, ist die Erfahrung, was der Geist ist, diese absolute Substanz, welche in der vollkommenen Freyheit und Selbständigkeit ihres Gegensatzes, nemlich verschiedener für sich seyender Selbstbewußtseyn, die Einheit derselben ist; Ich, das Wir, und Wir, das Ich ist. (GW 9, 108)

Die Kernidee, zentral für Hegels gesamte Philosophie des Geistes, lässt sich so ausdrücken: Ein individuelles Subjekt kann nur innerhalb einer sozialen Welt existieren. Es ist als autonomes Ich nur in Prozessen sozialer Anerkennung wirklich (so wie eine Schachfigur nur innerhalb der Praxis des Schachspiels mehr ist als eine Holzfigur, z.B. ein Springer). „Geist" steht damit für die soziale Welt, innerhalb derer sich Individuen als autonome Akteure begegnen. -> 1, 38, 43

[24] Die Formel „Ich, das Wir, und Wir, das Ich ist" kann man sich in folgenden Schritten verständlich machen: Mit der Großschreibung von „wir" und „ich" bezieht Hegel sich auf die Struktur (sprachlich Wirheit und Ichheit), nicht auf konkrete einzelne Subjekte oder Gruppen. Die Struktur des Ich verlangt, so der erste Teil der Formel, die Existenz von mindestens zwei einzelnen Subjekten. Anders gesagt: Die philosophische Analyse von Selbstbewusstsein zeigt, dass ein Ich nur als Mitglied einer sozialen Gruppe existieren kann.

Was aber ist mit dem zweiten Teil gemeint? Rufen wir uns in Erinnerung, dass Hegel Subjektivität nicht als statisches Ding, sondern als strukturierten Prozess denkt, dann lässt sich sein Gedanke so entfalten: Wenn es zwei (oder mehreren) einzelnen Subjekten gelingt, so zu interagieren, dass jedes die Autonomie des Gegenüber anerkennt und zugleich in seiner eigenen Autonomie respektiert wird, dann realisieren sie eine Wirheit. Sie bilden eine Einheit ihrer autonomen Subjektivität. Die Struktur aller Interaktionsformen, die diesem Anspruch genügen, entspricht dabei der Struktur der Ichheit selbst. Anders gesagt: Indem einzelne Subjekte ihre Ichheit in angemessener Weise interaktiv realisieren, verwirklichen sie die in ihnen angelegte Wirheit (ihre genuin soziale Verfasstheit). Das Muster, welches diese Interaktionsformen dabei aufweisen, ist selbst wieder die der einzelnen Subjekte. Das Wir ist also kein den einzelnen Subjekten gegenüberstehendes Kollektivsubjekt, sondern die angemessene Realisierung ihrer sozialen Natur durch passende soziale Interaktionsformen (die Hegel als Anerkennungsprozesse fasst). Nichts wäre falscher, als „Geist" bei Hegel im Sinne eines transzendenten Subjekts zu verstehen. -> 28, 36

Anerkennung

[25] Seine zentrale These, dass Selbstbewusstsein nur als soziales Interaktionsphänomen existieren und realisiert werden kann, bringt Hegel mittels der Konzeption der Anerkennung zum Ausdruck:

> Das Selbstbewußtseyn ist an und für sich, indem, und dadurch, daß es für ein anderes an und für sich ist; d.h. es ist nur als ein Anerkanntes. (GW 9, 109)

Selbstbewusstsein ist keine naturwissenschaftlich zu erfassende Eigenschaft von Organismen oder Gehirnen. Hegel deutet es als ein sich im sozialen Raum vollziehendes Handeln von Subjekten. Hierbei geht es um eine transzendentale Struktur, nicht um die Beschreibung eines psychischen Vorgangs: „Dieser reine Begriff des Anerkennens, der Verdopplung des Selbstbewußtseyns in seiner Einheit" (GW 9, 110) steht für die nicht-empirische begriffliche Ebene, die philosophisch zu erläutern ist.

Da sich unsere Realität als Manifestation solcher transzendentalen Strukturen begreifen lässt, muss Anerkennung sich auch innerhalb der Erfahrungen endlicher Subjekte niederschlagen. Dies geschieht, indem jedes Selbstbewusstsein sich gegenüber dem anderen in seiner Autonomie behauptet. Damit stellt es im ersten Schritt die Autonomie des Gegenübers in Frage, weil dessen Autonomie an der des anderen seine Grenze findet. Es kommt zum berühmten Kampf um Anerkennung. Nur im Konflikt mit dem Gegenüber gelingt es jedem Selbstbewusstsein, ein Bewusstsein seiner eigenen Individualität zu erlangen. Und weil die menschliche Autonomie bis zur Selbstvernichtung der eigenen biologischen Existenz reicht, muss dies sogar „ein Kampf auf Leben und Tod“ (GW 9, 111) sein. Indem ich meine Unabhängigkeit von allen meinen leiblichen Bedürfnissen behaupte, erfasse ich mich als wirklich autonomes Subjekt. Anders gesagt: Ich werde durch keine meiner Begierden getrieben oder durch meine Bedürfnisse gesteuert.

Der Kampf darum, als autonomes Subjekt anerkannt zu werden, muss in einer sozial geordneten Welt nicht immer in dieser existentiell dramatischen Form realisiert werden. Außerdem kann dieser Kampf auch intrasubjektiv, d.h. innerhalb eines Menschen, ausgetragen werden (wenn ich mich z.B. frage, welches Ausmaß an Fremdbestimmung oder Leiden ich ertragen will, um mein eigenes Überleben zu sichern). Der Kampf um Anerkennung ist immer einer um den Respekt der anderen. Zugleich stellt er ein Ringen um Selbstachtung und die eigene Würde dar. Hegel hat die Struktur der Anerkennung und die sozialen Konfliktstrukturen der Kämpfe um Anerkennung zur Erläuterung sozialer Prozesse verwendet. In erster Linie sind sie jedoch ein wesentlicher Teil seiner umfassenden Theorie der Subjektivität, welche er als genuin soziales Phänomen und als Handlungsvollzug (oder Praxis) verstanden hat. -> 1, 28, 29, 55, 57

Vernunft und Wirklichkeit

„Was vernünftig ist, das ist wirklich;
und was wirklich ist, das ist vernünftig." (GW 14.1, 14)

[26] Dieser Satz findet sich in Hegels Vorrede seiner Rechtsphilosophie; mit ihm hat er viel Kritik auf sich gezogen. Er scheint damit die gegebene Realität, z.B. eine bestehende soziale Ordnung, pauschal zu rechtfertigen, indem sie philosophisch als Manifestation der Vernunft ausgewiesen wird. Angesichts sozialer Ungerechtigkeiten, Unterdrückung oder individuellem Leid muss Hegel damit Widerspruch und Empörung hervorrufen. In der Tat hat man ihm diese Aussage als Anbiederung an die preußische Obrigkeit, als reaktionäre Grundhaltung oder schlicht als persönliche Feigheit ausgelegt.

An dieser Stelle ist es jedoch wichtig, Hegels Terminologie zu beachten. Er unterscheidet zwischen der empirischen Realität (als der faktischen Existenz einzelner Phänomene) und der Wirklichkeit als dem Teil oder den Aspekten der Realität, die sich philosophisch als angemessene Manifestation der Vernunft ausweisen lassen. Im Grunde ist der obige Satz nahezu eine Tautologie, aber eben nicht ganz. Immerhin bringt Hegel zum Ausdruck, dass die Vernunft in unserer Welt als Motor sozialer und historische Prozesse wirksam ist. Die Vernunft ist wirklich im Sinne des Be-Wirkens: „Was wirklich ist, kann wirken". (GW 11, 385) Zugleich muss alles, was wirkende Kraft entfaltet, Aspekte aufweisen, die für seine Vernünftigkeit sprechen. Oder anders herum: Was zwar als vernünftig behauptet wird, in der sozialen Welt aber keine Wirksamkeit entfaltet, kann (so ist Hegel zu verstehen) nicht vernünftig sein.

In letzter Instanz zeigt dieser Satz den Doppelcharakter der Hegelschen Philosophie: Qua Vernunft ist sie einerseits in der Lage, inadäquate Zustände philosophisch zu kritisieren. Anderseits ermahnt sich die philosophische Vernunft dabei selbst, die realisierte und gelebte Vernünftigkeit nicht zugunsten abstrakter Forderungen oder lebensferner Ideale aus den Augen zu verlieren.

Heinreich Heine
mit G.W. F. Hegel
in der Kneipe

Neben dem Rätselhaften finden sich in Hegels Philosophie auch Formulierungen, deren Interpretation bis heute strittig geblieben ist. Einige seiner Aussagen sind bis in unsere Gegenwart hinein Stein des Anstoßes gewesen. Hegel hat sich sowohl den Ruf zugezogen, Stammvater revolutionär Kräfte, als auch den, ein erzreaktionärer Staatsphilosoph von Preußens Gnaden zu sein. Ihm wurde nachgesagt, verkappte Theologie zu betreiben, während andere in seiner Philosophie einen staatsgefährdenden Atheismus am Werke sahen. Bis heute gilt er den einen als moralisch perverser Verächter moralischer Freiheit, während andere in ihm den hellsichtigen Kritiker eines wildgewordenen Individualismus sehen. Unsere Auswahl von drei dieser Zankäpfel der Hegelrezeption kann und will den Streit nicht entscheiden. Wir beschränken uns darauf verständlich zu machen, worum es jeweils geht. -> 3, 8, 55, 57

Religion und Philosophie

[27] Hegel beginnt die Darstellung seines Gesamtsystems mit einer Bestimmung des Verhältnisses von Religion und Philosophie: Letztere hat „ihre Gegenstände zunächst mit der Religion gemeinschaftlich" (GW 20, 39). Gegen den zu seiner Zeit prominenten Versuch, der Religion abzusprechen, rational begründbar zu sein, führt er ins Feld, dass „nur der Mensch der Religion fähig ist". (GW 20, 40) Dies legt ihm zufolge nahe, Religion als Variante des Denkens, also als Überzeugungen aufzufassen. Im „Absoluter Geist" genannten Systemteil, worin Hegel mit Kunst, Religion und Philosophie zentrale Medien der kulturellen Selbstdeutung des Menschen systematisch ordnet, stellt er noch einmal fest, „daß der Inhalt der Philosophie und der Religion derselbe ist". (GW 20, 556) Die Aufgabe der Philosophie bestehe darin, die auf das Absolute bezogenen Formen der Kunst und Religion zu rechtfertigen. Dies schließt einerseits die Anerkennung „der Nothwendigkeit des Inhalts der absoluten Vorstellung" (GW 20, 555) ein; es erfordert andererseits aber auch, die Beschränkungen von Kunst und Religion als je spezifische Zugangsweisen zum Absoluten herauszuarbeiten. Am Ende dieser philosophischen Analyse erweist sich die Philosophie als höchstes und einzig adäquates Medium der Erkenntnis des Absoluten:

> Diß Erkennen ist so das Anerkennen dieses Inhalts und seiner Form und Befreiung von der Einseitigkeit der Formen und Erhebung derselben in die absolute Form. (GW 20, 555)

Mit diesen Überlegungen rechtfertigt Hegel zwar die Inhalte der Religion, hebt sie jedoch zugleich in ihrer eigenständigen Geltung auf, indem er diese Inhalte von der Einseitigkeit der spezifisch religiösen Form befreit und sie so in die Philosophie ,erhebt'. Der Prozess der Aufhebung zeichnet sich bei Hegel durch drei Dimensionen aus: das Spezifische wird identifiziert (und damit bewahrt), zugleich wird es in seinem alleinigen Geltungsanspruch zurückgewiesen (also negiert), um in einer höheren Einheit aufgewertet (erhoben) zu werden.

Hegel bestimmt das Verhältnis von Religion und Philosophie mittels dieser dreifachen Dimension des Aufhebens, indem er auf seine Analyse des Verhältnisses von „Form und Inhalt" (GW 11, 301) zurückgreift. Ein Gegenstand (z.B. ein spezifischer Erkenntnisgegenstand, hier der Religion) kommt im Denken als Inhalt vor. Dieser Gedankeninhalt weist zwei Aspekte auf, die Hegel „Form und Materie" (GW 11, 301) nennt. Es liegt ein Gegenstand des Denkens (als Materie) in einer spezifischen Form (z.B. einer religiösen Vorstellung) vor. Zugleich kommt dem Inhalt in dieser Konstellation eine Eigenständigkeit zu, durch welche er sich von seiner spezifischen Formung unterscheiden lässt. Aus diesem Grund kann man sagen, dass der gleiche Inhalt auch in einer anderen Form erfasst oder ausgedrückt werden kann.

Diese dialektische Konstellation des Inhalts als Einheit und Moment der Form wendet Hegel auf das Verhältnis von Religion und Philosophie an. Beide stellen denkende Formungen des Absoluten (z.B. Gottes oder der Schöpfung) dar. Sie haben den gleichen Inhalt: Indem die Philosophie diesen Inhalt begründet, rechtfertigt sie auch die Religion. Zugleich haben sie diesen Inhalt in unterschiedlicher Form: Indem die Philosophie die Begrenztheit der religiösen Form darstellt, schränkt sie diese ein. Gerechtfertigt wird der Inhalt nur soweit und in der Form der Philosophie. Es liegt auf der Hand, dass man dieses Resultat auf zwei Weisen lesen kann: Als philosophische Rechtfertigung der Religion einerseits (z.B. gegen atheistische Angriffe oder den Vorwurf des Irrationalismus); als Herabsetzung und Auflösung der Religion in die Philosophie andererseits. Beides hat man aus Hegel herausgelesen und dabei entweder begrüßt oder vehement zurückgewiesen. -> 2, 3, 9, 57

Ludwig Feuerbach (links)
und Bruno Bauer (rechts)

Moralität und Sittlichkeit

[28] In seiner Rechtsphilosophie stellt Hegel den „Uebergang von Moralität in Sittlichkeit" (GW 14.1, 134) als Prozess der Aufhebung dar. Moralität als Sphäre individueller Selbstbestimmung und Gewissensfreiheit mündet in das gesellschaftlich geteilte Werte- und Normenverständnis einer konkreten Kultur, die Hegel ihre „Sittlichkeit" (GW 14.1, 137) nennt.
Wie wenige andere Aufhebungen hat diese Konzeption Hegel Kritik, ja sogar Schmähungen und Diffamierungen eingebracht.

Die Empörung von Ernst Tugendhat (links) und Karl Marx (rechts)

Auch hier ist es wieder entscheidend, die drei Dimensionen des Aufhebens im Blick zu behalten. Hegel beansprucht in seiner Rechtsphilosophie, die spezifische Struktur von Recht, Moral und Sittlichkeit zu bestimmen. Er will ihr Eigenrecht, d.h. ihre Zuständigkeit für bestimmte Arten normativer Fragen oder Konflikte herausarbeiten. Neben diesem bewahrenden Aspekt werden alle drei Formen, in denen Werte und Normen sozial existieren (als Rechtssystem, als individuelle Gewissensentscheidung und als sozial geteiltes Ethos), negiert: Hegel lehnt ihren Anspruch ab, alleine und vollständig den Bereich des Normativen und der Werte adäquat zum Ausdruck bringen zu können. Indem alle drei schließlich als integrale Bestandteile der komplexen Gesamtheit des Normativen gedeutet werden, erfahren sie eine Aufwertung: Die Philosophie erweist ihre Berechtigung und bereinigt sie von Selbstmissverständnissen und übergriffigen Vorstellungen (also z.B. der Versuchung, moralische Konflikte auf rechtliche Fragen zu reduzieren; aber auch der Versuchung, die individuelle Gewissensfreiheit im Namen der kollektiven Sittlichkeit zu unterdrücken).
Kritiker sehen in dieser Aufhebung bis heute häufig nur die Unterordnung der Gewissensfreiheit unter die kulturell herrschende Ethik oder die Beschneidung der Selbstbestimmung durch die dominante Sittlichkeit einer Gemeinschaft. Dies wird der Hegelschen Konzeption jedoch nicht gerecht: Die Aufhebung der Moralität in Sittlichkeit ist nicht die Beisetzung der Selbstbestimmung in der geteilten Ethik der Gruppe. Sie ist auch nicht dazu gedacht, die Stimme des individuellen Gewissens zum Schweigen zu bringen. Im Gegenteil: Hegel hält es für die zentrale Errungenschaft der Moderne, das Recht der individuellen Selbstbestimmung erfasst und sozial ausgebildet zu haben. Dahinter führt keine kollektive Sittlichkeit wieder zurück, zumindest nicht, wenn sie sich an der philosophischen Vernunft messen lässt.

> Das Gewissen drückt die absolute Berechtigung des subjectiven Selbstbewußtseyns aus, nämlich in sich und aus sich selbst zu wissen, was Recht und Pflicht ist, und nichts anzuerkennen, als was es so als das Gute weiß. (GW 14.1, 119)

Dennoch bleibt ein Problem: Wie sollen wir aus Sicht der Philosophie die Verhältnisse bewerten, wenn individuelles Gewissen und kollektiv geteilte Sittlichkeit im Konflikt miteinander stehen? Hegel deutet zwar an, dass es für das Individuum hier möglichst Schutzvorrichtungen und Gestaltungsräume für individuelle Lebensvorstellungen geben sollte. Aber dieser Aspekt des Schutzes individueller Grundrechte ist in seiner praktischen Philosophie insgesamt nicht sehr stark ausgearbeitet. Dies liegt auch daran, dass seit dem Verfassen seiner Rechtsphilosophie zwei Jahrhunderte vergangen sind und wir dramatische Erfahrungen mit totalitären Regimen gemacht haben (bzw. weiterhin machen müssen).

Aber ein philosophisch ebenso gravierender Grund ist, dass Hegel auf die stabilisierenden und unser humanes Zusammenleben allererst ermöglichenden Voraussetzungen geteilter Normen- und Wertekonsense großen Wert gelegt hat. Vor dem Hintergrund seiner Erfahrungen mit den Entartungen der französischen Revolution und den Atomisierungsprozessen der beginnenden Moderne ist dies ebenfalls nachvollziehbar.

Für ihn sind Selbstbestimmung und Gewissensfreiheit nur innerhalb vernünftiger sozialer Ordnungen realisierbar und auf Dauer auch lebbar. Anders gesagt: Moralität im Sinne individueller Gewissensentscheidungen ist in Krisen- und Konfliktfällen zu beachten. Sie ist jedoch nicht das Fundament, auf dessen Grundlage sich ethisch geteilte Normen und Werte permanent rechtfertigen müssen, bevor sie Anerkennung verdienen.
Hegel hat der praktischen Philosophie nicht die Kompetenz zugesprochen, solche Normen- und Wertekonflikte in Form einer universalen Ethik theoretisch entscheiden zu können. Vielmehr war er der Überzeugung, dass man dies letztlich den realen sozialen Prozessen, modern gesprochen: sozialen und politischen Aushandlungsprozessen, überlassen muss. Für Philosoph*innen ist diese Selbstbeschränkung der Philosophie nicht leicht zu ertragen. Und für uns in unserer modernen Gesellschaft ist Hegels prinzipielles Vertrauen in die Vernünftigkeit der gelebten Sittlichkeit zumindest befremdlich, vielleicht sogar problematisch. Die Attraktivität von Hegels Konzeption aber liegt darin, dieses Grundproblem klar herausgearbeitet zu haben.

Wenn die Philosophie ihr Grau in Grau malt, dann ist eine Gestalt des Lebens alt geworden, und mit Grau in Grau lässt sie sich nicht verjüngen, sondern nur erkennen; die Eule der Minerva beginnt erst mit der einbrechenden Dämmerung ihren Flug. (GW 14.1., 16) -> 2, 3, 9, 55, 57

Hegels Kritik des Marktes

[29] Bei einer Umfrage, welche*r Philosoph*in des 19. Jahrhunderts der*die radikalste Kapitalismuskritiker gewesen sei, würde Karl Marx vermutlich weit vorne landen. Hegel dagegen hätte wenig Chancen, Beachtung zu finden. Dabei hat er sich schon sehr früh (vor 1800) und permanent mit dem Prozeß der sich entwickelnden Marktgesellschaft auseinandergesetzt. Zudem sind seine in der Rechtsphilosophie zu findenden Analysen über den Kreis der Hegelforschung hinaus wenig bekannt.
Prinzipiell hat Hegel die bildende Kraft der „Arbeit" (GW 14.1, 168) und die philosophische Relevanz der „Theilung der Arbeiten" (GW 14.1, 169) sowie die sich entwickelnde Struktur des Marktes in seiner Rechtsphilosophie als Grundzug und Realisierung menschlicher Existenz begrüßt. Er beschreibt diese soziale Sphäre als Bereich des „Anerkanntseyn" (GW 14.1, 166) von Individuen mit ihren besonderen Fähigkeiten und Bedürfnissen, von einer durch Ausbildung oder „Zucht sich erwerbenden Gewohnheit objectiver Thätigkeit und allgemeingültiger Geschicklichkeiten". (GW 14.1, 168)

Zugleich beschreibt er hellsichtig die sozialen Prozesse, die mit der Entwicklung einer arbeitsteiligen Marktgesellschaft einhergehen. Hegel spricht davon, dass die einzelnen Arbeiten „immermehr mechanisch" (GW 14.1, 169) werden, bis die Tätigkeit des Menschen am Ende durch „die Maschine" (ebd.) ersetzt werden kann. Ihm entgeht die Entstehung systemisch bedingter „Armuth" (GW 14.1, 192) genauso wenig wie die „Anhäufung der Reichthümer" (GW 14.1, 193) und die ungerechte Verteilung derselben. Er spricht von der „Abhängigkeit und Noth der an diese Arbeit gebundenen Classe" (ebd.) und warnt davor, dass Menschen in dieser prekären Lage an der „Unfähigkeit der Empfindung und des Genusses der weitern Freyheiten und besonders der geistigen Vortheile der bürgerlichen Gesellschaft" (ebd.) leiden. Mit anderen Worten: Hegel erkennt die systemisch bedingten Effekte der Armut, der Ungerechtigkeit und der Zerstörung von Teilhabemöglichkeiten für ganze soziale Gruppen, die er unter dem Begriff des „Pöbels" (GW 14.1, 194) zusammenfasst.

> Das Herabsinken einer großen Masse unter das Maaß einer gewissen Subsistenzweise, die sich von selbst als die für ein Mitglied der Gesellschaft nothwendige reguliert, — und damit zum Verluste des Gefühls des Rechts, der Rechtlichkeit und der Ehre, durch eigene Thätigkeit und Arbeit zu bestehen, — bringt die Erzeugung des Pöbels hervor, die hinwiederum zugleich die größere Leichtigkeit, unverhältnismäßige Reichthümer in wenige Hände zu concentriren mit sich führt. (GW 14.1, 194)

Hegel begreift die Relevanz des Verlusts der Möglichkeit, von der eigenen Arbeit zu leben, für das Selbstwertgefühl der Menschen und weist auf die sozialen und politischen Konsequenzen dieses Verlusts hin. Er beschreibt die Dynamik des internationalen Handels als innere Tendenz einer nationalen Marktgesellschaft, „in anderen Völkern" weitere „Consumenten und damit die nöthigen Subsistenzmittel zu suchen." (GW 14.1, 195) Die Globalität dieser Entwicklung, in welcher „der Handel seine welthistorische Bedeutung findet" (ebd.), stehen ihm genauso klar vor Augen wie „das Mittel der Kolonisation" (GW 14.1, 196), zu welcher „die ausgebildete bürgerliche Gesellschaft getrieben wird". (ebd.) Doch alle diese Expansions- und Selbststabilisierungsmechanismen sind in Hegels Augen nicht geeignet, die Probleme zu beheben:

> Es kommt hierin zum Vorschein, daß bey dem Uebermaße des Reichthums, die bürgerliche Gesellschaft nicht reich genug ist, d.h. an dem ihr eigenthümlichen Vermögen nicht genug besitzt, dem Uebermaß der Armuth und der Erzeugung des Pöbels zu steuern. (GW 14.1, 194)

Ernesto „Che" Guevara (1928–1967)

Die Diagnose ist messerscharf und kompromisslos. Aber im Gegensatz zu Karl Marx (und anderen sozialistischen Denkern) lehnt Hegel die Abschaffung des Marktes oder gar die Abschaffung des Privateigentums ab. Beides sind für ihn unverzichtbare Ausdrucks- und Realisierungsformen individueller Freiheit. Andererseits kann Hegel den liberalen Vorstellungen eines sich selbst heilenden und den Wohlstand für Alle ermöglichenden Marktes, in den der Staat nicht regulierend eingreifen darf, nicht folgen. Seine Antwort besteht darin, aus der Unaufhebbarkeit dieser „Dialektik" (GW 14.1, 195) die Notwendigkeit sozialer Institutionen und politischer Rahmen- bzw. Kontrollbedingungen abzuleiten. Hegel kann daher als einer der philosophischen Begründer*innen des modernen Sozialstaates angesehen werden, in dem der Markt eingehegt und in dem dessen nicht tolerierbaren Effekte politisch eingedämmt werden. -> 2, 35, 49, 56

[30] Die zu gegensätzlichen Interpretationen einladenden Konzeptionen Hegels haben schon kurz nach seinem Tode die Hegelschule gespalten. Dabei geht der Streit zuerst um die angemessene Interpretation Hegels (z.B. bezüglich des Verhältnisses von Religion und Philosophie). Um ihn erfassen zu können, muss man die zentralen Begriffe seines Denkens verstehen (siehe dazu Themenfeld IV). Später verlaufen die Gegensätze entlang anderer Linien und beziehen sich auf die Optionen, die Wirklichkeit mit den Mitteln der Hegelschen Philosophie zu begreifen oder zu kritisieren. Das Spannungsfeld reicht dabei von konservativen über moderate bis hin zu revolutionären politischen Positionierungen. Sie alle können dem Hegelschen Denken Aspekte entnehmen, die für ihre eigene Interpretation sprechen. Keine der Rezeptionslinien kann der Komplexität des Hegelschen Philosophierens jedoch vollends gerecht werden. Vielleicht liegt gerade darin der Reiz und das Potential des Hegelschen Denkens für alle, die sich mit seiner Hilfe ihren eigenen Gegenwartsfragen stellen möchten (siehe dazu den Ausblick). -> 39

IV. Themenfeld

Zentrale Begriffe der Hegelschen Dialektik

In diesem Themenfeld erläutern wir Kategorien und Annahmen, die für die systematische Grundlage der Philosophie Hegels zentral sind. Dabei beziehen wir uns auf seine dreibändige *Wissenschaft der Logik*, in der er das Fundament seiner Philosophie der absoluten Subjektivität entfaltet hat. Diese Erläuterungen sind als Grundlage für unsere Darstellung seiner Philosophie in den anderen Themenfeldern gedacht. Im Themenfeld V stellen wir ergänzend in philosophiegeschichtlicher Perspektive diejenigen Konzeptionen der Dialektik dar, die für Hegels dialektisches Philosophieren prägend gewesen sind. Damit ordnen wir letztere in einen begriffsgeschichtlichen und systematischen Kontext ein. Dabei haben wir dankenswerter Weise Arthur Schopenhauer als zeitgenössischen Expertenkommentator gewinnen können.

Der „reine Begriff“:

[31] Der „reine Begriff“ ist das Prinzip der Entwicklung aller Kategorien des Denkens. Die Verwendung im Singular „Der Begriff“ markiert den Unterschied zu den Kategorien, mit denen sich die philosophische Analyse beschäftigt (wie z.B. Substanz, Kausalität oder Wirklichkeit). In der Tradition von Kant verfolgt Hegel das philosophische Programm, diese Kategorien als Produkte einer nicht-empirischen Subjektivität zu begreifen. Sie sind notwendige Bedingungen für die Einheit des Selbstbewusstseins und transzendental (als Bedingungen der Möglichkeit von) zu entfalten. Eine philosophische Analyse bezieht sich nicht auf die empirische (z.B. evolutionäre, historische, psychologische oder kognitionswissenschaftliche) Entstehung unserer Kategorien. Vielmehr begründet sie deren Inhalt und Geltung durch den Nachweis, dass es Selbstbewusstsein nur für Subjekte geben kann, die über diese transzendental ausweisbaren Kategorien verfügen.

Die transzendentale Einheit der nicht-empirischen Subjektivität wird als das apriorische Vermögen gedacht, autonom (d.h. spontan und von sich aus) Kategorien zu erzeugen, die all unserer Erkenntnis und all unserem Wollen zugrunde liegen. Für diese universale Subjektivität verwendet Hegel die Kennzeichnung „Der Begriff“. Damit bringt Hegel zweierlei zum Ausdruck: Zum einen geht es um eine universale Struktur („Der“) und nicht um einzelne Kategorien; zum anderen handelt es sich hierbei um das Vermögen der Erzeugung von Kategorien („Begriff“). Mit der weiteren Kennzeichnung „rein“ wird zusätzlich kenntlich gemacht, dass es sich um eine nicht-empirische Struktur handelt. Sie wird philosophisch als Bedingung der Möglichkeit für die Existenz empirischer Subjekte ausgewiesen.

Deshalb geht sie aller empirischen (psychologischen) Erfahrung voraus. Mit der Interpretation des „reinen Begriffs“ als apriorisch tätigem Prinzip der Erzeugung aller klassischen logischen und ontologischen Kategorien übernimmt Hegel Elemente der Philosophien von Kant und Fichte. Dabei folgt er beiden allerdings nur teilweise und modifiziert zudem die Bausteine seiner Vorgänger für die eigenen Theoriezwecke. -> 4, 7, 8, 9, 10, 11, 12, 18, 26, 46, 47

Arthur Schopenhauer (1788–1860) als kritischer Kommentator

Kant – Fichte – Hegel (Compare & Contrast):

[32] Hegel folgt Kant, indem er den „reinen Begriff" als begriffliche Allgemeinheit denkt, der als Regel der Verknüpfung der Mannigfaltigkeit der Erfahrung begrifflicher Natur ist. Von Fichte übernimmt er die These, den reinen Begriff als Tätigkeit zu fassen: als apriorisches Prinzip leistet es das synthetisch apriorische Erzeugen („setzen") der fundamentalen Kategorien. Wie schon Fichte und Schelling vor ihm lehnt Hegel Kants dualistische Auffassung, dass die Allgemeinheit des reinen Begriffs lediglich formalen Charakter habe, ab. Kant zufolge werden die Inhalte dem Subjekt durch die sinnliche Mannigfaltigkeit der Erfahrung als Input gegeben und dann mittels der Kategorien ‚verarbeitet'. Hegel, auch hier mit Fichte und Schelling einig, entwirft dagegen die Allgemeinheit als begriffliche Einheit von formaler und inhaltlicher Bestimmung. Er fasst damit den „reinen Begriff" als tätiges Prinzip der sowohl logisch formellen wie inhaltlich anschaulichen Erzeugung aller Kategorien. Deshalb ist dieses Prinzip bei Hegel als Selbstbestimmung und Selbstdifferenzierung, also als Subjektivität, zu denken. -> 1, 46, 47, 48

Allgemeinheit:

[33] Hegels Kategorie der Allgemeinheit ist nicht im Sinne einer abstrakten Allgemeinheit, die das Gemeinsame einer Menge von Mannigfaltigem bezeichnet, zu verstehen. Es geht nicht darum, durch die Verwendung eines Prädikats (z.B. „rund") eine Menge von Einzeldingen, die alle die Eigenschaften, rund zu sein, aufweisen, zu bilden. Ein solches Allgemeines ist in doppeltem Sinne abstrakt: Zum einen werden die Einzeldinge, die ja eine Fülle von Eigenschaften haben, nur aufgrund eines Merkmals zusammengefasst (von allen anderen Eigenschaften wird abstrahiert im Sinne von abgesehen). Zum anderen wird die Eigenschaft, rund zu sein, als ein Merkmal aus der Fülle der vorliegenden Eigenschaften herausgegriffen (es wird abstrahiert im Sinne von isoliert). -> 1, 8, 9

Konkrete Allgemeinheit:

[34] Hegels Kategorie der Allgemeinheit steht für die Einheitsstruktur des „reinen Begriffs" selbst. Sie meint die Identität des Subjekts, welches die Mannigfaltigkeit seiner Erfahrungsinhalte zu einer Gesamtheit verbindet (synthetisiert). Als Einheit in einem Mannigfaltigen ist der „reine Begriff" Totalität, oder wie Hegel auch sagt, „konkrete Allgemeinheit". Die kategorienerzeugende Tätigkeit des „reinen Begriffs" hat die Struktur der Negation der Negation. -> 1, 7

Besonderheit:

[35] Als selbstnegierendes Prinzip bringt der „reine Begriff" besondere Inhalte hervor, die als Negationen seiner eigenen Allgemeinheit Besonderungen, d.h. spezifische inhaltliche Bestimmungen sind. Wenn ein Subjekt sich selbst bestimmt, identifiziert es sich selbst mittels eines Prädikats (z.B. „Ich bin mutig."). Keine dieser einzelnen Bestimmungen wird dem Subjekt in seiner Totalität gerecht (die anderen auf es zutreffenden Bestimmungen werden ausgeblendet). Dennoch muss das Subjekt, um sich selbst zu bestimmen und ein differenziertes Verständnis von sich selbst zu bekommen, sich selbst unter Verwendung solcher Besonderungen erfassen. Betrachtet man den „reinen Begriff" als sich selbst bestimmendes, seine Allgemeinheit negierendes Prinzip, wird er als Besonderheit (im spezifischen terminologischen Sinne Hegels) gedacht. -> 1, 15, 16, 26

Negativität:

[36] Allgemeinheit und Besonderheit sind entgegengesetzte Bestimmungen des „reinen Begriffs". Die Tätigkeit des „reinen Begriffs", sich selbst zu bestimmen und dabei differenziert als Einheit einer komplexen Totalität zu erfassen, nennt Hegel "Negativität. Das Erzeugen und Entgegensetzen von Besonderungen muss als die eigene Tätigkeit des "reinen Begriffs", als Realisierung seiner Autonomie und Selbstbestimmung gedacht werden. In der Selbstbestimmung erfolgt notwendigerweise eine Selbstbegrenzung und eine inhaltliche Bestimmung (= Negation) des Subjekts. Dies ist dem Wesen des „reinen Begriffs", Allgemeinheit im Sinne der

Einheit in einer Totalität zu sein, nicht angemessen. Aus diesem Grunde muss die durch die Selbstbestimmung erfolgte Negation in einem zweiten Schritt in ihrem negativen Charakter ihrerseits negiert werden. -> 7, 8, 28, 29

Einzelheit:

[37] In dieser Bewegung hebt der „reine Begriff" seine eigene Negativität selbst auf. Diese Negation der Negation ist kein Rückfall auf den Ausgangspunkt vor der ersten Bestimmung, sondern wird von Hegel als produktiver Prozess der Weiterbestimmung gedacht. Damit wird der „reine Begriff" als Tätigkeit, in der die Gegensätze von Allgemeinheit und Besonderheit zu einer komplexen Einheit verbunden werden, konzipiert. Wenn der „reine Begriff" als diese Aufhebungsbewegung aufgefasst wird, denkt man ihn als Einzelheit (im Hegelschen Sinne).
Einzelheit steht für die immanente Negativität der Subjektivität: Das Subjekt erzeugt im Prozess der Selbstbestimmung besondere Bestimmungen, beschränkt sich damit selbst (erste Negation) und hebt diese Beschränkung (zweite Negation) dann wieder auf. In dieser Gesamtbewegung zeigt sich die integrierende Einheit eines Subjekts, das sich in einer selbstgesetzten Mannigfaltigkeit von Besonderungen selbst als konkrete Allgemeinheit, d.h. als inhaltlich und formal autonomes Allgemeines manifestiert. Anders gesagt: Ich verstehe mich nicht nur als jemand, der eine Eigenschaft und noch eine andere Eigenschaft (usw.) hat, sondern ich verstehe mich als die dahinterliegende Einheit, welche alle ihre Eigenschaften selbst erzeugt und zu einer vernünftigen Einheit verbindet. Man könnte auch sagen: Wir verstehen uns als Subjekte, die sich selbst eine reichhaltige Identität verschaffen; diese entfalten wir als unsere eigene Biografie. -> 2, 4, 22

Allgemeinheit - Besonderheit - Einzelheit:

[38] Einzelheit ist damit keine dritte Bestimmung neben der Allgemeinheit und Besonderheit, sondern die spekulativ gedeutete Einheit der produktiven Tätigkeit des „reinen Begriffs". Sie stellt Hegels „Aufhebung" der Ansätze von Kant, Fichte und Schelling dar. Zusammengefasst: Einzelheit ist die komplexe, die gegensätzlichen Momente der Allgemeinheit und Besonderheit zusammenführende und zusammenhaltende Tätigkeit der autonomen Selbstbestimmung des „reinen Begriffs". -> 1, 2, 18, 23

Aufhebung:

[39] Hegel vereint in seiner Konzeption der Aufhebung drei Bedeutungen, die alle im alltäglichen Sprachgebrauch zu finden sind: Aufheben im Sinne von „in die Höhe heben" (elevare), im Sinne von „bewahren" (conservare) sowie im Sinne von „wegnehmen, abschaffen" (tollere). Ein Prozess, der alle drei Momente enthält, stellt eine „dialektische Aufhebung" dar. Hegels Konzeption der Negation der Negation weist diese Struktur auf: Die Antithese (= erste Negation) steht im Zeichen des Wegnehmens, der Alleinvertretungsanspruch der These, die den Startpunkt bildet, wird bestritten. Die zweite Negation bestreitet die Antithese, aber sie stellt keine Rückkehr zur These dar. Sie hebt in Hegels dialektischer Interpretation vielmehr das Resultat der ersten Negation „in die Höhe", indem sie die berechtigten Aspekte von These und Antithese zusammenführt. Denkt man beide Schritte als Momente der zugrundeliegenden Einheit, so sind sie darin als ihre Synthese aufbewahrt.

Bei der Aufhebung im Prozess der Selbstentfaltung des „reinen Begriffs" wird z.B. eine Kategorie durch Bezug auf ihr Gegenteil (ihre Negation) in ihrer universalen Gültigkeit negiert. Dadurch ergibt sich nach Hegel eine neue Kategorie, die den Gehalt der ursprünglichen Kategorie bewahrt und mit dem ihrer Opponentin vereint. Die neue Kategorie hebt die ursprünglichen Kategorien auf ein höheres und komplexeres (in Hegels Sprachgebrauch „konkreteres") Niveau, da deren Einseitigkeit und Ausschließlichkeit „aufgehoben" ist. Die Negation der Negation wird so als ein produktives Prinzip gedacht, da hier - anders als bei der doppelten Verneinung in der formalen Logik – ein neues Resultat erzeugt wird.

In der formalen Logik wird eine Behauptung (z.B. „Es ist der Fall, dass 4 eine ungerade Zahl ist.") negiert (also: „Es ist nicht der Fall, dass 4 eine ungerade Zahl ist."). Negiert man nun dieses Resultat (also: „Es ist nicht nicht der Fall, dass 4 eine ungerade Zahl ist."), so ergibt sich der gleiche Aussagegehalt wie vor der ersten Negation.

Im Gegensatz dazu kann man sich die Hegelsche Interpretation einer solchen Negation der Negation als Lernprozess (z.B. in einer Diskussion) verständlich machen: Im Resultat werden die beiden Negationen nicht einfach gelöscht. Der mit der Abfolge der drei Behauptungen nachgezeichnete Gesprächsverlauf hält fest, dass sich die Behauptung, die durch die erste Negation ausgedrückt wird, in ihrer Allgemeinheit nicht halten lässt. Da sie aber auch nicht vollkommen unberechtigt ist, führt die durch die zweite Negation formulierte Behauptung zu einer Synthese: Weder die Ausgangsbehauptung, noch die durch die erste Negation formulierte Behauptung lassen sich in ihrer Absolutheit plausibel machen. Beide bringen aber berechtigte Gesichtspunkte zum Ausdruck, die in einer komplexen Antwort, die durch die Negation der Negation erzeugt wird, aufbewahrt werden müssen. Indem diese komplexe Antwort die Stärken der beiden anderen Behauptungen in sich vereint und zugleich deren Einseitigkeiten beseitigt, werden beide auf ein höheres Niveau gehoben.

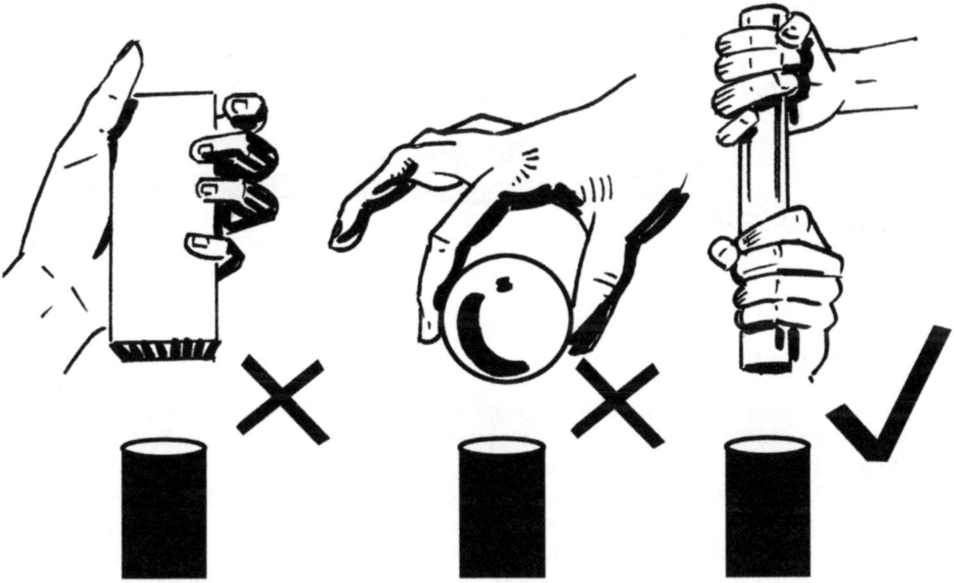

Hegels Konzeption orientiert sich nicht an der formalen Logik, sondern an unseren alltäglichen Diskursen. Wenn beispielsweise in einem politischen Vorschlag zur Lösung eines gesellschaftlichen Problems der Aspekt der Sicherheit einseitig überbetont wird, im Gegenvorschlag dann genauso einseitig der Aspekt der individuellen Freiheit in den Vordergrund gestellt wird, besteht die angemessene Kritik am Gegenvorschlag nicht darin, den ersten Vorschlag unverändert zu wiederholen. Es geht vielmehr darum, eine komplexe Position zu entwickeln, in der die berechtigten Gesichtspunkte der beiden Alternativen berücksichtigt und miteinander vermittelt werden. -> 27, 28, 29, 47, 49, 55, 56, 57

Negation der Negation:

[40] In der Hegelschen Logik steht die Negation der Negation für die Methode der Selbsterzeugung und Selbstdifferenzierung der Kategorien. Sie bezeichnet, so betrachtet, den Prozess der Selbstbestimmung des Subjekts. Zugleich ist die Negation der Negation auch das Resultat eines solchen Prozesses. In dieser Perspektive kommt die Rolle des Subjekts als einheitsstiftende Substanz dieses Selbstbestimmungsprozesses zum Ausdruck. Es ist das Subjekt, welches in den Negationen tätig ist und sich durch diese hindurch selbst bestimmt. Dazu muss es in diesem Prozess als Substanz weiterbestehen; es verändert seine Bestimmungen, ohne sich dadurch aufzulösen. -> 4, 9, 45, 46

Erste Negation:

[41] Hegel entfaltet in seiner Logik eine dialektische Konzeption, die er als allgemeine Theorie der Subjektivität entwickelt. Darin bringt die sich selbst bestimmende Substanz einzelne Bestimmungen (= Kategorien als Resultate) hervor (= Prozess). Das Ergebnis dieser ersten Negation stellt nach Hegel einen Widerspruch dar: als sich selbst bestimmende ist die Substanz frei von vorgegebenen Bestimmungen (Hegel nennt diese Freiheit „unendlich"). Zugleich ist das Resultat ihrer Selbstbestimmung eine inhaltlich spezifische und damit endliche Bestimmung. In diesem Widerspruch zwischen Allgemeinheit und Besonderheit besteht die Negativität der ersten Negation. -> 2, 46, 49

Zweite Negation:

[42] Die zweite Negation ist ebenfalls als Tätigkeit des Subjekts zu denken. Allerdings kommt dem Subjekt darin auch die Rolle der Substanz zu. Hierbei wird nicht die in der ersten Negation erzeugte endliche Bestimmung generell zurückgewiesen. Negiert wird lediglich die Negativität des in der ersten Negation liegenden Widerspruchs; sie wird aufgehoben im Sinne des Wegnehmens oder außer Kraft setzens. Als Prozess ist diese Negation der ersten Negation die Aufhebung des Widerspruchs zwischen Substanz und Bestimmung. In dieser Bewegung werden die (Selbst-)Bestimmungen der Substanz differenzierter und konkreter. Als Resultat erweist sich die Substanz in dieser zweiten Negation als Einheit von selbstbestimmender Negation und Negation der darin enthaltenen Negativität des Widerspruchs zwischen Substanz und Bestimmung. -> 1, 7, 47

Die Gesamtbewegung:

[43] In der Negation der Negation werden die Bestimmungen der Substanz zu einer komplexen Einheit verbunden. Durch die Integrationsleistung werden die einzelnen, in der isolierten Betrachtung endlichen Bestimmungen mittels der zweiten Negation in ein Gesamtsystem von Bestimmungen einfügt. Sie verlieren so ihre Endlichkeit durch die Einordnung in einen holistischen Zusammenhang. Als Resultat ergibt sich die Totalität dieses holistischen Systems von Kategorien. Es stellt Hegel zufolge die adäquate Selbstbestimmung des „reinen Begriffs" bzw. der Subjektivität als absoluter, sich selbst bestimmender Substanz dar. In einem komplexen Satz zusammengefasst: Die Integration von der Selbsthervorbringung sich ausdifferenzierender Bestimmungen durch eigene Tätigkeit (erste Negation) und der darin enthaltenen Negativität des Widerspruchs (Negation der ersten Negation) in eine Einheit manifestiert den Subjektcharakter der Substanz (als Prozess). -> 1, 3, 4, 5, 8, 13, 18, 48, 57

V. Themenfeld

Dialektik in philosophiegeschichtlicher Perspektive

Die Geschichte des Begriffs Dialektik in der abendländischen Philosophie ist lang und verwickelt. Man kann daher nicht von einer einheitlichen Bedeutung des Begriffs der Dialektik ausgehen. Die einzelnen Traditionslinien des Begriffs Dialektik stehen in verschiedenen sachlichen und historischen Bezügen.

Da sie in Hegels Konzeption der Dialektik auf vielschichtige Weise zusammenkommen, ist es hilfreich, sich eine allgemeine Orientierung zu verschaffen. Für unsere Zwecke ist es sinnvoll, drei Traditionslinien zu unterscheiden: (I.) das antike Verständnis der Dialektik als Kunst des Argumentierens und Beweisens (exemplarisch hier bei Platon und Aristoteles); (II.) die Auffassung der Dialektik in der transzendentalphilosophisch-idealistischen Philosophie (hier beschränkt auf Kant und Fichte); (III.) die Stellung der Dialektik als Grundstruktur und Methode in Hegels System.

I. Dialektik als Kunst des Argumentierens und Beweisens:

Platon:

[44] In der Philosophie Platons ist Dialektik eine Theorie des Wissens, welches sich aus der Diskussion sich widersprechender Meinungen ergibt. Dialektik hat als Methode in erster Linie die Aufgabe, die verwendeten Begriffe zu analysieren und den Widerstreit von Behauptungen durch begriffliche Synthesen beizulegen. Das Ziel der Dialektik ist dabei, die empirische Welt zu erkennen, um dadurch die apriorischen Ideen begreifen zu können. In Auseinandersetzung mit den Sophisten unterscheidet Platon zwischen Eristik und Dialektik. Erstere wird von den Sophisten als die Fähigkeit, durch Widersprüche andere Meinungen zu widerlegen, verstanden und ausgeübt. Der Dialektik geht es dagegen nicht nur um das destruktive Ziel, konkurrierende Ansichten zu widerlegen. Sie strebt konstruktiv nach einem Erkenntnisfortschritt in der Sache. Dagegen verfolgt die Eristik als bloße Wortkunst ein ausschließlich negatives Ziel. Die Dialektik hat in der Philosophie Platons auch eine politisch-ethische Dimension. Für ihn ist sie auf die Erkenntnis der Ideen ausgerichtet und für die Errichtung einer vernünftigen Polis unverzichtbar. -> 2, 52

Sokrates (469 v. Chr.–399 v. Chr.) im Dialog

Aristoteles:

[45] Das Wesen und die Funktion der Dialektik hat Aristoteles in den Schriften des Organon untersucht und bestimmt. Ausgehend von der Auffassung der Dialektik als Kunst der Gesprächsführung unterscheidet er zwischen Gesprächen, die dem Verfahren der Analytik dienen, und solchen, die dem Verfahren der Topik folgen. Erstere deduzieren aus wahren Prämissen mittels logischer Verfahren stringente Beweisketten, während letztere solche Themen behandeln, über die es gegensätzliche Meinungen gibt. In der Analytik kommen nur allgemeingültig wahre Sätze vor, die durch die Logik verbunden sind. In der Topik geht es dagegen um Aussagen, die man mit Gründen sowohl für wahr als auch für falsch halten kann.

Im Laufe seines Philosophierens verändert Aristoteles das Verhältnis der Dialektik zu Analytik und Topik. Damit hat der Begriff der Dialektik eine Zweideutigkeit erhalten, die sich bis heute durch die gesamte Philosophiegeschichte hindurchzieht. Am Anfang seiner Theoriebildung versteht Aristoteles Dialektik als Methode für das gesamte Organon. Sie steht bereits hier für eine Argumentation, die von bloß wahrscheinlichen oder hinreichend glaubwürdigen Ansichten ausgeht. Zur Diskussion solcher Ansichten stützt sich die Dialektik auf etablierte Grundmuster des rationalen Denkens (Topoi). Mit deren Hilfe werden die in Frage stehenden Meinungen geprüft. In dieser Konzeption fällt Dialektik mit Logik (in einem weiten Sinne) zusammen.

Später baut Aristoteles die Analytik zu einem System rein formaler Schlüsse, also zu einer Logik im engen Sinne, aus; er trennt sie damit von der Topik ab. Das Organon ist nun in die formal logische Analytik und die Topik ausdifferenziert. In diesem Zuge wird Dialektik als Methode auf letztere beschränkt und steht damit der Logik als Methode der Analytik gegenüber. Da die Topik Sätze mit strittigem Wahrheitswert behandelt, wird Dialektik insbesondere zur philosophischen Diskussion lebensweltlicher Probleme gebraucht. Sie geht von der alltäglichen Meinung (Doxa) aus, um rationale Entscheidungen in praktischen Fragen, z.B. für die politische Praxis, zu fällen. Anders als die formal schlüssigen Beweise der Analytik lassen die dialektischen Schlüsse der Topik zu, durch Rückgriff auf vorgefundene, gut begründete Meinungen (Topoi) zu Begründungen zu kommen. Dieses Argumentationsmuster ist zwar nicht formal zwingend, dafür aber der Lebenspraxis nahe und für die Lösung praktischer Probleme unverzichtbar.

Wie auch Platon grenzt Aristoteles die dialektische Topik von der Eristik der Sophisten ab. Dazu führt er im Bereich der bloß wahrscheinlichen Annahmen eine Unterscheidung ein zwischen wohlbegründeten, im Alltag gewöhnlich akzeptierten Überzeugungen (Topoi) und bloßen Meinungen. Letztere werden von den Sophisten ad hoc, für den jeweiligen Anlass, formuliert und dienen ausschließlich dem Zweck, die Argumente der Gegenseite zu widerlegen. Damit wird die Dialektik zu einem Bestandteil der Rhetorik, d.h. der Kunst der Gesprächsführung. Ihre Funktionsweise besteht darin, das weitgehend geteilte Selbstverständnis einer konkreten Lebenspraxis (d.h. deren Topoi) heranzuziehen, um rational begründete Entscheidungen bezüglich strittiger Aussagen und Probleme zu fällen. -> 2, 52

Aristoteles (384 v. Chr.–322 v. Chr.) redet im Amphitheater

II. Dialektik in der transzendentalphilosophisch - idealistischen Philosophie:

Kant:

[46] In der Philosophie Kants lebt die von Aristoteles herstammende Bedeutung des Begriffs Dialektik fort, gewinnt aber zusätzlich eine vollkommen neue Bedeutung. Die Unterteilung in Analytik und Dialektik, die Kant in seinem Hauptwerk *Kritik der reinen Vernunft* vornimmt, folgt der tradierten Aufteilung. Im Unterschied zu Aristoteles rechnet Kant die Topik der Logik zu, während die Dialektik zu einer Logik des Scheins degradiert wird. Sie rückt damit in die Nähe der Eristik. Im Unterschied zur sophistischen Eristik, von der sich Platon und Aristoteles abgrenzen, hat Kants transzendentale Dialektik besondere Aussagen zum Gegenstand: Es geht ausschließlich um Überzeugungen, deren Widersprüche aus dem Wesen der Vernunft selbst hervorgehen. Diese Widersprüchlichkeit entspringt Kant zufolge unserem Bemühen, die Kategorien der Vernunft über den Bereich der Erfahrungsgegenstände hinaus anzuwenden. Dies geschieht beispielsweise, wenn wir Prädikate, die zur Charakterisierung empirischer Subjekte tauglich sind, zur Beschreibung eines absoluten Subjekts (also z.B. eines personalen Gottes) verwenden.

Kant unterscheidet die transzendentale von der logischen Dialektik, die sich auf die Analyse von Schlüssen mit falscher logischer Form beschränkt. Dagegen führt erstere auf erfahrungsüberschreitende transzendente Urteile. Die Überschreitung der Erfahrung erfolgt, indem die Vernunft zu einem gegebenen Bedingten (z.B. einzelnen empirischen Phänomenen) das Unbedingte aufzufinden versucht (z.B. von einer bestimmten Ursache auf die erste Ursache schließt). Die transzendentale Dialektik setzt sich mit Widersprüchen auseinander, die aus der Natur der Vernunft selbst entspringen. Deshalb ist ihre Funktion in Kants Philosophie, anders als die auf den Nachweis der Falschheit beschränkte logische Dialektik, nicht nur negativ. In ihrer Funktion, die Illusionen transzendenter Urteile aufzudecken und aufzulösen, kommt ihr in Kants Philosophie eine zentrale Rolle zu: Die transzendentale Dialektik unterstützt die erkenntnistheoretische Selbstbeschränkung der Vernunft in dem Programm einer Selbstkritik der reinen Vernunft. Zu einer darüber hinausgehenden Disziplin (im Sinne einer spekulativen Vernunft) kann die transzendentale Dialektik jedoch Kant zufolge nicht ausgebaut werden. -> 32, 52

Fichte:

[47] Fichte verbindet in seiner Konzeption der Dialektik Elemente von Aristoteles und Kant. Bei ihm steht Dialektik für die kritische Methode, sophistische Argumentationen zurückzuweisen und bloß scheinbare, d.h. transzendente Erkenntnisse zu entlarven. Die Grundlagen seiner Philosophie entwickelt Fichte in Form einer Wissenschaftslehre, die er ab 1794/95 in immer wieder modifizierten Versionen ausgearbeitet hat. Für die darin entfaltete Methode verwendet er erst ab 1812 die Bezeichnung „wahre Dialektik". Damit grenzt der späte Fichte sich gegen eine rein negative Dialektik, wie er sie selbst zuvor im Anschluss an Aristoteles und Kant vertreten hat, ab.

Unabhängig von der Benennung folgt die Methode der Fichteschen Wissenschaftslehre selbst der Sache nach einem dialektischen Verfahren. In der Wissenschaftslehre von 1794/95 zeichnet es sich durch einen Dreischritt von These, Antithese und Synthese aus. Dabei wird in einem analytischen Verfahren in einer gegebenen These ein Gegensatz aufgezeigt. Dieser führt zu einer Antithese, also einer gegensätzlichen Aussage. Anschließend wird in einem synthetisierenden Verfahren die Opposition von These und Antithese aufgehoben. Dies erfolgt mittels einer „limitierenden" Dialektik, indem der jeweilige Geltungsbereich der beiden gegensätzlichen Annahmen eingeschränkt wird. So würde z.B. die allgemeine Aussage „Der Stoff X ist für den Menschen tödlich." durch eine Mengenangabe (z.B. „ab 5 Gramm") genauso begrenzt wie die Antithese „Der Stoff X ist für den Menschen unschädlich." durch eine entsprechende Mengenbegrenzung (also hier etwa „bis zu einer Menge von 5 Gramm"). Die beiden limitierten Aussagen widersprechen sich dann nicht mehr.

Durch dieses Verfahren entsteht eine Synthese. Sie enthält nach Fichte aber, wenn man sie als neue Aussage formuliert, als These wieder eine Antithese (in unserem Beispiel etwa, wenn man darauf hinweist, dass die kritische Menge von dem gesundheitlichen Zustand des jeweiligen Individuums abhängt). Deshalb findet die analytisch-dialektische Methode nun erneut Anwendung. Auf diese Weise werden die auftretenden Widersprüche in jeweils neuen Synthesen aufgelöst. Da dies Fichte zufolge bei empirischen, d.h. begrenzten Subjekten immer nur partiell gelingt, lässt sich dieser Prozess niemals abschließen.

Grundlage dieses Verfahrens ist in Fichtes Philosophie die vorausgesetzte Einheit des transzendentalen Selbstbewusstseins mit seinen synthetischen Leistungen (als nicht-empirische Subjektivität, welche diesen Prozess durchläuft). Die Wissenschaftslehre bestimmt die in jeder Synthese enthaltenen Gegensätze von These und Antithese. Diese können durch die Reflexion von endlichen empirischen Subjekten nur durch Limitierung zu einer neuen Synthese und damit nur partiell vereint werden. Die Aufdeckung der transzendentalen Einheit (der nicht-empirischen Subjektivität) bleibt daher für empirische Subjekte eine unendliche, d.h. niemals endende Aufgabe. -> 32, 52

III. Dialektik als Grundstruktur und Methode in Hegels System

Dialektik als ontologisches Prinzip:

[48] Auch in Hegels ab 1812 entwickelter Philosophie ist Dialektik kein einheitlicher Begriff. Er versteht darunter zum einen in ontologischer Sicht die Aktivität der absoluten, nicht-empirischen Subjektivität selbst, die sich in der Bewegung der Negation der Negation selbst differenziert und bestimmt. Dabei setzt er voraus, dass die interne Struktur dieser absoluten Subjektivität nur spekulativ entfaltet werden kann. Das bedeutet, sie als Einheit von Widersprüchen zu denken. Hegels Verfahren der dialektischen Aufhebung dieser Widersprüche geht von der Annahme aus, dass die Negation der Negation ein inhaltlich produktiver Prozess der Selbstbestimmung und Selbstentfaltung ist. Diese Bewegung stellt die Selbstbewegung der absoluten Subjektivität dar und Dialektik wird so zu ihrem Prinzip (und nicht zu einem bloßen Verfahren unserer Erkenntnis) gemacht.

Hegel legt seiner Philosophie eine ontologische Interpretation der Dialektik als Vermittlung sich widersprechender Bestimmungen zugrunde. Die dialektische Darstellung dieses Prozesses in seiner dreibändigen *Wissenschaft der Logik* ist die philosophische Explikation der Selbstdifferenzierung der absoluten Subjektivität. In ihr wird die Einheit von Methode und Sache einerseits vorausgesetzt. Andererseits wird diese Einheit nach Hegel durch die in der Philosophie entfaltete begriffliche Entwicklung selbst auch begründet. Es handelt sich um eine heuristische Voraussetzung, die sich in der Durchführung, also in Hegels System, bewährt und somit ihre Wahrheit erweist. -> 3, 4, 7, 8, 18, 33, 52

Negativ-vernünftige Dialektik:

[49] Neben der Dialektik als ontologischem Prinzip findet sich bei Hegel auch ein speziellerer Begriff von Dialektik. Dieser bezeichnet nur einen Aspekt der spekulativen Methode, nämlich die dialektische Auflösung von Widersprüchen, die der Verstand durch die Isolierung von Bestimmungen erzeugt. In dieser eingeschränkten Verwendung, mit welcher Hegel an Platon und Aristoteles anschließt, bedeutet Dialektik die negativ-vernünftige Seite der Spekulation; sie wird zur Kritik des Verstandes. Im Gegensatz zur „limitierenden" Dialektik der Fichteschen Philosophie geht Hegel von der Möglichkeit der vollständigen Aufhebung des Widerspruchs durch spekulatives Erkennen aus. Die Grundfigur dieser spekulativ-dialektischen Bewegung ist die Aufhebung von Allgemeinheit und Besonderheit in die Einzelheit. In Opposition zur Skepsis Fichtes ist das philosophisch-spekulative Erkennen Hegel zufolge in der Lage, den Selbstbestimmungsprozess der absoluten Subjektivität als produktive Syntheseleistung vollständig zu erfassen und als System darzustellen. -> 1, 52

Ausblicke

1. Aktualität in Bezug auf philosophische Rezeption

Die philosophische, aber auch die fachübergreifende wissenschaftliche Beschäftigung mit dem Werk Hegels hält weltweit ungebrochen an. Die Fülle des von ihm berücksichtigten Materials (aus Kunst, Religion oder Geschichte) macht sein Denken bis heute weit über die Philosophie hinaus interessant. Als einflussreiche Größe in der deutschen und europäischen Ideengeschichte ist sein Wirken nicht auf Deutschland beschränkt. Hegels Denken hat, aufgrund der ihm eingeschriebenen geschichtsphilosophischen Dimension, bis heute große Strahlkraft in alle Geisteswissenschaften behalten. Schließlich führt der große politische Einfluss, den seine Schriften in der Wirkungsgeschichte entfaltet haben, auch weiterhin zu einer großen Beachtung in den Gesellschaftswissenschaften.

Schaut man auf die spezifisch philosophische Rezeption seines Werkes, lassen sich drei Ebenen unterscheiden: Hegels Systemdenken, die einzelnen Teile seines Systems und Einzelaspekte (Themen und Konzeptionen) seiner Philosophie.

Hegels Systemdenken:

[50] Philosophie erhebt immer systematische Ansprüche in Form einer rationalen Begründung ihrer Aussagen. Davon zu unterscheiden ist die Annahme, dass es eine philosophische Art der Begründung gibt, die sich von den Begründungsformen empirischer Wissenschaften (etwa der Biologie, der Geschichte, der Soziologie oder der Psychologie) unterscheidet. In der Philosophie wird immer wieder und zu allen Zeiten darum gerungen, welche Form diese spezifische philosophische Begründung haben muss. Hegel hat seine Philosophie als System entwickelt, weil dies für ihn die einzige der Philosophie angemessene Begründungsform darstellt (siehe Themenfeld II). Damit ist ein sehr hoher Begründungsanspruch verbunden, der nicht nur die Skepsis anderer Disziplinen hervorruft, sondern auch in der Philosophie immer wieder Kritik provoziert. Unabhängig davon, ob man mit Zustimmung oder in Opposition zur Systemphilosophie denkt: Die Systemidee und die mit ihr einhergehenden Begründungsansprüche und -formen faszinieren das philosophische Denken nach wie vor. Dabei geht es nicht nur um die Auslegung, wie das Hegelsche System funktioniert, sondern auch um einen systematischen Dialog mit seinem Denken. Man kann sagen: Die Auseinandersetzung mit Hegels Systemdenken dient der Philosophie bis heute als kritischer Bezugspunkt zur Entwicklung ihres eigenen Selbstverständnisses. -> 1, 3, 5, 7, 9, 12, 13, 18

Die Teile des Hegelschen Systems:

[51] Zu seinen Lebzeiten hat Hegel die Gesamtdarstellung seines eigenen Systems in der *Enzyklopädie der philosophischen Wissenschaften im Grundrisse* in drei Auflagen vorgelegt (erstmals 1817, dann stark erweitert 1827 sowie in weiter überarbeiteter Form 1830). Die Grundstruktur bleibt mit drei Systemteilen ab 1817 erhalten, wenngleich es vor allem in der 2. Auflage noch wesentliche Weiterentwicklungen gibt.

Hegel hat seine *Enzyklopädie* als Kompendium für Vorlesungen entwickelt; es enthält in äußerst knapper und verdichteter Darstellung die Grundzüge seines Systems, die Hegel dann in seinen Vorlesungen entfaltet, mit Beispielen illustriert und in den einzelnen Argumentationslinien entwickelt hat. Als Grundgerüst seiner Philosophie einerseits und als Darstellung seiner Version des Systemgedankens andererseits ist die *Enzyklopädie der philosophischen Wissenschaften im Grundrisse* (primär in der 1830er Version) bis heute ein zentraler Gegenstand der philosophischen Diskussion. -> 15, 16

[52] Der erste Systemteil, die Logik, ist eine Kurzfassung der *Wissenschaft der Logik*. Aufgrund der gedrängten und die Argumentation nicht entfaltenden Darstellung kann diese sogenannte ‚kleine' Logik das ausführliche Werk (die ‚große' Logik) nicht ersetzen. Nimmt man die kleine und die große Logik als den ersten Systemteil zusammen, haben wir es mit der komplexesten und abstraktesten Dimension der Hegelschen Philosophie zu tun. Diese beiden Werke gehören ohne Zweifel zu den unzugänglichsten, sprachlich verschlossensten und im Abstraktionsgrad der argumentativen Durchführung zu den schwierigsten Schriften der abendländischen Philosophie.

Walter Benjamin an Adorno

Allein dies übt neben Abschreckung bis heute immer wieder Faszination aus. Die Hegelforschung versucht herauszufinden, wie Hegels Argumentation (einschließlich seiner ‚dialektischen Methode') funktioniert, oder zu bestimmen, wie sich die Logik zum Rest des Systems verhält. Über die Hegelinterpretation hinaus beschäftigen die Philosophie das Verhältnis von Hegels dialektischer zur formalen Logik, die Gemeinsamkeiten und Unterschiede zur Transzendentalphilosophie (vor allem Kants), aber auch die Rolle der Hegelschen Dialektik in der Philosophie von Karl Marx. -> 1, 12, 14, 15

Karl Marx 1872 im Londoner Exil

[54] Der zweite Systemteil, die Naturphilosophie, stellt den bis heute am wenigsten beachteten Teil des Hegelschen Systems dar. Hierfür sind drei Gründe entscheidend gewesen: Die Emanzipation der Naturwissenschaften von der Philosophie, die Annahme, dass Naturphilosophie als genuin philosophische Teildisziplin generell obskur ist sowie die moderne Entwicklung, dass die Naturphilosophie als Wissenschaftstheorie der Naturwissenschaften fest etabliert, thematisch aber enger gefasst wird. Die Auswanderung der Naturwissenschaften aus der Philosophie, die sich zu Hegels Lebzeiten (und teilweise noch später) vollzieht, geht mit einer starken Absetzbewegung einher. Naturphilosophische Erklärungen stehen im Verdacht, Scheinerklärungen zu sein, die man durch naturwissenschaftlich-empirische Erklärungsmodelle und Theorien ersetzen sollte. Unter Generalverdacht gestellt, wird die Eigenständigkeit der Erkenntnisziele von Hegels Naturphilosophie weder er- noch gar anerkannt. Dies mindert die Bereitschaft, sich überhaupt mit seinen schwer zugänglichen Texten auseinanderzusetzen.

Es dauert bis in die zweite Hälfte des 20. Jahrhunderts, bevor man sich diesem Systemteil wieder zuwendet und entdeckt, wie umfassend und weitreichend Hegel die Naturwissenschaften und ihre Erkenntnisse in seiner Naturphilosophie rezipiert hat. Mittlerweile verstärkt sich auch das Bewusstsein, dass es über die Fragen der Wissenschaftstheorie der Naturwissenschaften hinaus Problemstellungen gibt, die sich mit philosophischen Mitteln bearbeiten und nicht auf naturwissenschaftliche Fragestellungen reduzieren lassen. Selbstverständlich sind viele der konkreten Beispiele und Konzepte, die Hegel in seiner Naturphilosophie den Naturwissenschaften seiner Zeit entnimmt, heute überholt. Seine Fragestellungen sind dagegen grundlegend und überaus aktuell. Er versucht zu bestimmen, welche philosophische Relevanz naturwissenschaftliche Erkenntnisse für die Philosophie haben können. Dies diskutieren wir heute z.B. im Spannungsfeld von Hirnforschung und Kognitionswissenschaften in Bezug auf Willensfreiheit und Verantwortung des Menschen. Aber auch die Frage nach einem Eigenwert der Natur oder die Frage nach dem Verhältnis von Kausal- und Zweckerklärungen werden im Rahmen der Philosophie Hegels auf eine systematisch erhellende Weise thematisiert. -> 2, 12, 16, 17, 23, 25, 26, 27, 28

(55) Den abschließenden dritten Systemteil bildet die Geistphilosophie, den meistrezipierten Teil seines Systems. Wegen seiner Weigerung, die Analyse des Geistes den Naturwissenschaften und ihren Methoden zu überlassen sowie aufgrund seiner konsequent ganzheitlichen Betrachtung der Existenzweise des Menschen (als leibliches, seelisches und kulturelles Wesen gleichermaßen), ist Hegels Philosophie des subjektiven Geistes für viele Ansätze der Philosophie bis heute ein Fundus wertvoller Einsichten und Anregungen geblieben. Auch die Philosophie des absoluten Geistes, wohinter sich bei Hegel eine Philosophie der Kunst, der Religion und der Philosophie (als den drei Gestalten des absoluten Geistes) verbirgt, ist bis in unsere Gegenwart hinein Gegenstand systematischen Interesses. Aufgrund seines Anspruches, den Gang des Geistes durch die Zeit vollständig zu erfassen und alle philosophisch relevanten Formen in eine philosophische Gesamtentwicklung einzuordnen, hat Hegel eine ungeheure Fülle von Material sowohl in der Kunst als auch im Bereich der Religion behandelt. Sein Ziel ist es, diese Entwicklung nach einem philosophischen Bewertungsmaßstab als Fortschritt zu deuten (teilweise dann auch als Verfall). Damit bietet er für andere Disziplinen (z.B. die Kunstgeschichte oder die Religionssoziologie), aber auch für die entsprechenden Teildisziplinen der Philosophie, vielfältige Ansatzpunkte. Es geht für uns darum, eigene Fragestellungen und Forschungsinteressen in Bezug auf oder Abgrenzung von Hegels Interpretationen und Analysen zu entwickeln. Hegels Philosophie der Philosophie, die zugleich eine philosophische Geschichte der Philosophie ist, stellt ebenfalls unvermindert einen zentralen Bezugspunkt für die Selbstverständigungsdebatten des Faches dar. Hinzu kommt, dass Hegels Anspruch, sein eigenes System als End-, Kulminations- und Vollendungspunkt des philosophischen Fortschritts auszuweisen, bis heute einen provokativen Stachel für alle bildet, die nach ihm philosophiert haben oder philosophieren werden.

Doch trotz der breiten Rezeption dieser Teile seiner Geistkonzeption hat kein Systemteil eine derart ungebrochene systematische Beachtung erfahren wie Hegels Konzeption des Objektiven Geistes. Dies lässt sich, wie im nächsten Abschnitt ausgeführt, am besten verstehen, wenn man nach der Aktualität der Praktischen Philosophie Hegels für die Gegenwart und nach dem politischen Erbe seiner Philosophie fragt. -> 2, 21, 24, 25, 26, 28, 29, 38, 39

2. Aktualität in Bezug auf politische Beerbung

Die zentralen Denkfiguren und Ziele der Hegelschen Philosophie des Geistes machen ihn zu einem attraktiven Bezugspunkt in drei Spannungsfeldern, die zugleich Konzentrationspunkte philosophischer Debatten sind.

Synthese aus Liberalismus und Kommunitarismus:

[55] Hegel arbeitet in seiner Philosophie heraus, dass Menschen leiblich-geistige und sozial-individuelle Wesen gleichermaßen sind. Damit legt er seiner Philosophie eine komplexe Konzeption menschlichen Personseins zugrunde, die geeignet ist, vereinfachende Gegenüberstellungen aufzulösen. Seine praktische Philosophie verbindet Aspekte der Sozialität und kulturellen Gebundenheit des Menschen (die kommunitaristische, auf Gemeinschaft ausgelegte Sichtweise) mit seiner Fähigkeit zur Selbstbestimmung und den daraus ableitbaren Ansprüchen (die Sichtweise des Liberalismus) zu einem System sozialer Institutionen (des Rechts, der Moral und der Sittlichkeit mit ihren Institutionen der Familie, der bürgerlichen Gesellschaft und des Staates). Damit lassen sich die Reichweiten und Grenzen, die Kontexte und die Gewichtung unterschiedlicher Ansprüche von Individuen und Gruppen philosophisch bestimmen. Hegels grundlegende Einsicht, dass ein selbstbestimmtes Leben nur in sozialen Kontexten gelebt werden und nur in institutionell vernünftig organisierten Gesellschaften auf

Dauer gelingen kann, macht ihn für unsere gegenwärtigen Problemlagen attraktiv. In seiner Philosophie gelingt es, Spannungen so in ein Verhältnis zu bringen, dass sie ihre zerstörerische Gegensätzlichkeit zugunsten einer dynamischen Gesamtstruktur verlieren. -> 2, 21, 24, 25, 26, 28, 29, 38, 39

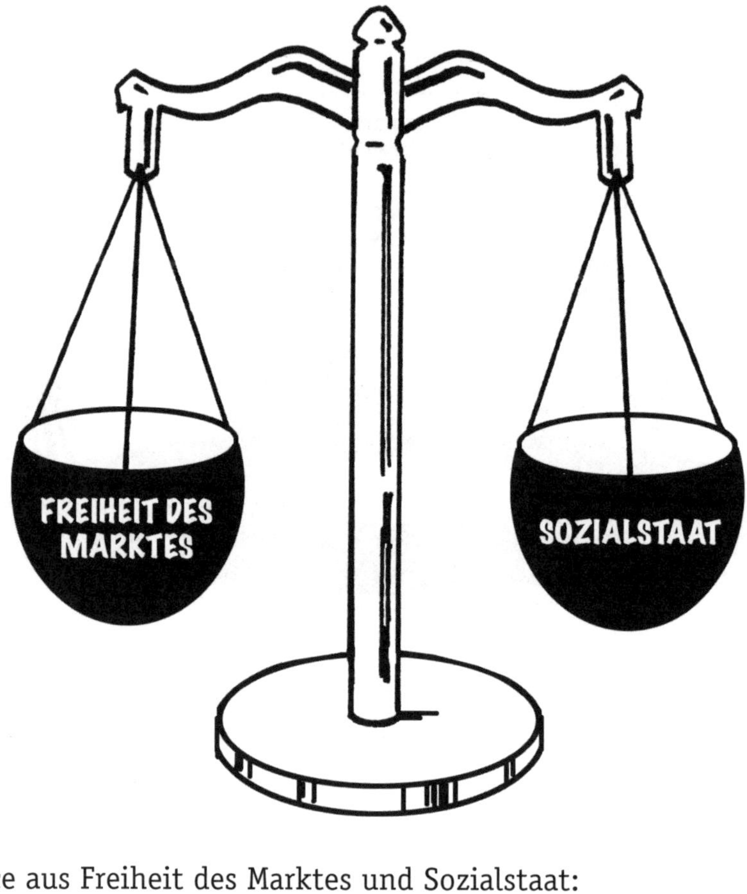

Balance aus Freiheit des Marktes und Sozialstaat:

[56] Hegel hat die entstehende bürgerliche Gesellschaft mit ihren Individualisierungsprozessen, der Entwicklung des Marktes sowie den damit verbundenen sozialen Veränderungen und Verwerfungen als zentrales Phänomen der Moderne erkannt, das von der Philosophie zu analysieren ist. Seine Kritik an der Institution des Marktes ist so konsequent wie die, welche Karl Marx später vorgelegt hat: Verarmung, Arbeitslosigkeit, Sinnentleerung von Arbeit, aber auch die Abhängigkeiten von Staaten aufgrund ökonomischer Verflechtungen, sieht Hegel mit einer Klarheit, die für dieses frühe Stadium bestechend ist. Anders als Marx, der die Institution des Marktes abschaffen will, leitet Hegel die Notwendigkeit ab, die destabilisierenden und Krisen erzeugenden Mechanismen des Marktes durch einen Sozialstaat einzuhegen. Weil Berufsausübung und Handel für Hegel unverzichtbarer Bestandteil individueller Freiheit und eine Sphäre der Selbstverwirklichung des Menschen sind, lehnt er radikale Forderungen nach Abschaffung des Privateigentums oder des Marktes ab. Sie würden, so seine These, letzten

Endes nur zur Unterdrückung von individueller Freiheit führen. Zugleich lehnt er die entgegengesetzte Forderung, auf die Selbstheilungskräfte des Marktes zu setzen und auf regulierende Eingriffe des Staates zu verzichten, genauso entschieden ab. Für sich genommen, d.h. sich selbst überlassen, untergräbt der Markt mit seinen ökonomischen Dynamiken die anderen sozialen Bereiche. Ohne sozialpolitische Einhegung entartet der Markt letztendlich mit systeminterner Notwendigkeit zu einem destabilisierenden Teilbereich moderner Gesellschaften. Nur innerhalb eines vernünftigen Staates, in dem das Gemeinwohl nicht auf die Maximierung individueller Einzelinteressen reduziert wird, kann Hegel zufolge die Versöhnung von individueller Freiheit und wohlgeordneter Gemeinschaft auf Dauer gelingen. -> 2, 19, 21, 23, 25, 29, 39

Vermittlung von kultureller Identität und universaler Vernunft:

[57] Im Rahmen seiner Anerkennungskonzeption verbindet Hegel auf der Grundlage seines philosophischen Denkens, welches sich der historischen Situiertheit menschlicher Gesellschaften bewusst geworden ist, die normativen Ansprüche einer universalen Vernunft mit den partikularen Gesichtspunkten kultureller Identitäten. Damit ein Staat ein Bewusstsein seiner eigenen Identität ausbilden kann, bedarf es einerseits einer Pluralität von Staaten, die untereinander in Anerkennungsverhältnissen stehen. Als Vernunftwesen kommen dem Menschen andererseits universelle Rechte zu. Diese mögen historisch entstanden und (noch) nicht global realisiert sein: An ihrer universellen, alle kulturellen Gruppen oder Staaten übergreifenden Geltung lässt Hegels Philosophie keinen Zweifel. Unbestreitbar identifiziert sein Entwurf be-

stimmte historische Merkmale der politischen Institutionen seiner eigenen Zeit vorschnell als adäquate Realisierung dieser universalen Geltungsansprüche. Hegels Grundidee, partikulare Identität und Universalität als zwei unverzichtbare Momente für die Moderne gleichermaßen zu verteidigen, formuliert einen weder eingelösten noch überholten philosophisch-politischen Anspruch. Ganz im Gegenteil lassen sich viele Versuche, bestimmte Gruppenidentitäten als legitime Formen individueller Selbstbestimmung zu behaupten, als Kämpfe um Anerkennung begreifen. Die damit verbundene Diversität und Pluralität in einer Gesellschaft zuzulassen, liegt vermutlich jenseits dessen, was Hegel sich hat vorstellen können. Seine grundlegende philosophische Konzeption aber kann uns die Werkzeuge liefern, die normativen Konflikte unserer Zeit zu begreifen. Damit haben wir die Chance, vernünftige und nicht vereinfachende Antworten auf ein niemals vollständig zu lösendes Problem zu formulieren. -> 2, 19, 21, 22, 25, 27, 28, 39

[58] Wir dürfen von einem Philosophen des frühen 19. Jahrhunderts keine Erfolgsrezepte oder erschöpfenden Antworten auf die drängenden politischen und sozialen Fragen unserer Gegenwart erwarten. Dennoch bleibt das Ziel der Hegelschen Philosophie, Gegensätze zu versöhnen und die Wirklichkeit in ihrer Komplexität angemessen zu begreifen, für uns ungebrochen attraktiv. Die von ihm identifizierten Spannungen und Zielkonflikte charakterisieren unsere Moderne weiterhin. Weil Hegel sich mit ihnen philosophisch auseinandergesetzt hat,

kann er für uns ein wertvoller Diskussionspartner sein. Mit seiner Hilfe können wir gegenwärtige politischen oder sozialen Lösungsansätze philosophisch begründen oder eben mit Gründen zurückweisen. Weil Hegel an dem Ziel der Versöhnung festhält, ohne die niemals vollständig auflösbaren Konflikte zu verharmlosen, bietet sein Denken eine positive Perspektive und einen abgeklärten politischen Realismus gleichermaßen. Es braucht, gerade in Krisenzeiten, sicher keine tiefe philosophische Einsicht um abschließend festzuhalten, dass genau diese Kombination gegen vorschnelle Vereinfachungen, illusionäre Überforderungen und vermeidbare Konfrontationen helfen kann. -> 2, 19, 21, 26, 27, 28, 29, 30

Ernst Bloch
im Jahr 1953

Obere Reihe von l. nach r.: Ernst Tugendhat, Arthur Schopenhauer, Johann Gottlieb Fichte, Ernst Bloch, F.W.J. Schelling, Ludwig Feuerbach, G.W.F. Hegel, Friedrich Hölderlin, Heinrich Heine, Bruno Bauer, René Descartes, Sokrates
Untere Reihe von l. nach r.: Butz (Schopenhauers Pudel), Aristoteles, Karl Marx, Theodor W. Adorno, Walter Benjamin, Immanuel Kant

Zitatnachweise für die Zitate in den Sprechblasen

(1) Anonymus: „Eine Ethik …". In: G.W.F. Hegel: *Gesammelte Werke*. Band 2. Hamburg: 2014, S. 615 (diese Ausgabe wird in diesem Buch zitiert als GW mit Band und Seitenangabe; hier also GW 2, 615).

(2) Anonymus: GW 2, 615.

(3) Eduard Gans: „Nekrolog". In: *Allgemeine Preußische Staatszeitung*. Nr. 333 (1.12.1831), S. 1752 (hier zitiert aus: Norbert Waszek: Eduard Gans (1797–1839): *Hegelianer — Jude — Europäer*. Frankfurt am Main 1991, S. 106.

(4) Georg W.F. Hegel: GW 14.1, 15 f.

(5) Theodor W. Adorno: Aphorismus 122 aus *Minima Moralia*. Frankfurt am Main 1951, S. 365.

(6) So soll einer überlieferten Anekdote nach Hegel dem jungen Heine den Sinn seines Satzes erläutert haben.

(7) Ludwig Feuerbach: „Vorläufige Thesen zur Reformation der Philosophie". In: *Ludwig Feuerbach: Gesammelte Werke*. Band 9. Berlin 1982, S. 45

(8) Bruno Bauer: *Die Posaune des Jüngsten Gerichts über Hegel den Atheisten und Antichristen*. Leipzig 1841, S. 6.

(9) Karl Marx: *Zur Kritik der Hegelschen Rechtsphilosophie*. In: Karl Marx & Friedrich Engels: *Gesamtausgabe (MEGA)*. Berlin 1982, S. 134 (diese Ausgabe wird in diesem Buch zitiert als $MEGA^2$ mit Abteilung, Band und Seitenangabe; hier also $MEGA^2$ I.2, 134).

(10) Ernst Tugendhat: *Selbstbewußtsein und Selbstbestimmung*. Frankfurt am Main 1979, S. 351.

(11) Arthur Schopenhauer: *Der handschriftliche Nachlaß*. Band 3. München 1985, S. 659.

(12) Arthur Schopenhauer: *Der handschriftliche Nachlaß*. Band 4. München 1985, S. 208

(13) Arthur Schopenhauer: *Der handschriftliche Nachlaß*. Band 3. München 1985, S. 582.

(14) Walter Benjamin, zitiert nach Theodor W. Adorno: *Negative Dialektik*. Frankfurt am Main 1966, S. 7.

(15) Karl Marx: $MEGA^2$ II.6., S. 709.

(16) Arthur Schopenhauer: *Der handschriftliche Nachlaß*. Band 3. München 1985, S. 87.

(17) Ernst Bloch: *Das Prinzip Hoffnung*. Band 1. Berlin 1953, S. 14.

Glossar

A priori
Eine Erkenntnis, die nicht auf Erfahrungen beruht (oder ein Prinzip, welches nicht aus der Erfahrung abgeleitet werden kann).

Atheismus
A. verneint im engeren Sinne die These, dass ein personaler Gott existiert. Im weiteren Sinne kann A. auch die Verneinung der Existenz transzendenter Entitäten insgesamt bedeuten.

Autonomie
A. bedeutet im politischen Sinn die Selbständigkeit eines Staatengebildes, die vor allem in der Möglichkeit besteht, eigene Gesetze zu erlassen und ohne Einmischung von außen die eigenen Angelegenheiten zu entscheiden und zu regeln. In Bezug auf die einzelne Person steht A. für die Fähigkeit, selbstbestimmt zu entscheiden und sich selbst vernunftbestimmt Regeln zu geben.

Essenz
E. meint zum einen die einer Art von Dingen per Definition zukommenden Eigenschaften; zum anderen steht E. für das Wesen einer Sache, wodurch sie zu einem Ding einer bestimmten Art wird (und sich dazu entwickelt).

Ethos
E. bedeutet zum einen Gewohnheit, Sitte oder Brauch; zum anderen steht E. für die Grundhaltung der Tugend (oder des Charakters), aus eigener Einsicht das ethisch Gute oder Richtige zu tun.

Holismus
H. besteht in der Annahme, dass sich ein Ganzes nicht auf die Summe seiner Teile reduzieren lässt. Vielmehr lassen sich Teile nur als abhängige Momente des Ganzen verstehen. Dabei dann der H. sich auf die Ebene der Ontologie, der Erkenntnis oder auch der Begründung beziehen.

Kohärentismus
K. bezeichnet die Konzeption, der zufolge die Wahrheit einer Aussage (oder auch die Angemessenheit einer Handlung) sich durch ihren Sinnbezug zu anderen Aussagen (bzw. Handlungen) sowie ihren Stellenwert in einer Gesamttheorie (bzw. einer Gesamtplanung) ergibt.

Metaphilosophie
M. bezeichnet die Teildisziplin, die sich mit dem Wesen, der Funktion und dem Ziel des Philosophierens beschäftigt. Als Teildisziplin ist M. damit Teil der Philosophie, die sich darin also selbstbezüglich und reflexiv mit ihren eigenen Ansprüchen, Methoden und Zielen auseinandersetzt.

Monismus
M. steht für die Annahme, dass es nur ein grundlegendes Prinzip (der Erkenntnis, der ethischen Rechtfertigung) oder, im ontologischen Sinne, nur eine Substanz gibt.

Ontologie
O. ist die Teildisziplin der Philosophie, die sich mit dem Wesen des Seins und der Einzeldinge sowie mit den Existenzbehauptungen theoretischer Aussagen und ganzer Theorien beschäftigt.

Rationalismus
R. bezeichnet im weiten Sinne die These, dass die Vernunft gegenüber der Erfahrung Vorrang hat; im engeren Sinne ist damit die Annahme gemeint, dass sich das Sein durch ein Vernunftprinzip erklären und/oder die Sitten durch ein ethisches Prinzip vernünftig begründen lassen.

Skeptizismus
S. bezeichnet im engeren Sinne eine philosophische Position, die noch auf der Suche nach wahren (bzw. begründeten) Aussagen ist. Im weiten Sinne sind philosophische Positionen gemeint, die sich eines Urteils enthalten (agnostisch bleiben), weil sie nicht über Wissen verfügen. In einem spezifischen Sinn steht Skeptizismus für die starke Annahme, dass es kein (philosophisch) sicheres Wissen geben kann.

Transzendent
T. bezeichnet etwas Übersinnliches, die Vernunft Übersteigendes oder durch Erfahrung nicht Erfassbares.

Transzendental
T. sind die für etwas Gegebenes notwendigen Bedingungen. Indem das Gegebene als existent vorausgesetzt wird, können Bedingungen, die man als notwendig für die Existenz ausweisen kann, als (transzendental) begründet angesehen werden.

Literaturverzeichnis

1. Primärliteratur

Hegel, Georg Wilhelm Friedrich: *Gesammelte Werke*. In Verbindung mit der Deutschen Forschungsgemeinschaft herausgegeben von der Rheinisch-Westfälischen Akademie der Wissenschaften. Verlag Felix Meiner: Hamburg. (Einzelne Bände dieser einzig zuverlässigen Edition sind in der Philosophischen Bibliothek des Verlags Felix Meiner erhältlich).

2. Einführende Literatur

Fulda, Hans Friedrich: *Georg Wilhelm Friedrich Hegel*. Verlag C.H. Beck: München 2003.

Jaeschke, Walter: *Hegel Handbuch*. Verlag J.B. Metzler: Stuttgart 2005.

Schäfer, Rainer: *Hegel*. Wilhelm Fink Verlag: München 2011.

Schnädelbach, Herbert (Hrsg.): *Hegels Philosophie*. Kommentare zu den Hauptwerken (3 Bände). Suhrkamp Verlag: Frankfurt am Main 2000.

Siep, Ludwig: *Der Weg der Phänomenologie des Geistes*. Suhrkamp Verlag: Frankfurt am Main 2000.

Taylor, Charles: *Hegel*. Suhrkamp Verlag: Frankfurt am Main 1983.

Vieweg, Klaus: Hegel. *Der Philosoph der Freiheit*. Biographie. Verlag C.H. Beck: München 2019.

Zöller, Günter: *Hegels Philosophie*. Verlag C.H. Beck: München 2020.

Der Autor

Michael Quante ist Professor für Philosophie und Prorektor für Internationales und Transfer an der WWU Münster. Er ist Mitherausgeber der *Hegel Studien* und Vorsitzender des Vorstands der Internationalen Marx-Engels-Stiftung. Zu seinen Arbeitsgebieten gehören die Philosophie der Person, die philosophische Handlungstheorie, Deutscher Idealismus (insbesondere Hegel und Marx) sowie Praktische Philosophie.
Monografien zu Hegel: *Hegels Begriff der Handlung*. Verlag frommann-holzboog: Stuttgart/Bad Cannstadt 1993; *Die Wirklichkeit des Geistes*. Suhrkamp Verlag: Frankfurt am Main 2011.

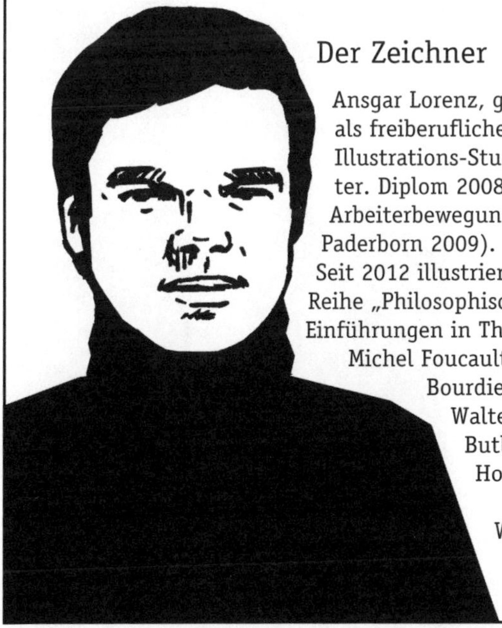

Der Zeichner

Ansgar Lorenz, geboren in Hannover, lebt und arbeitet als freiberuflicher Illustrator in Mannheim. Design- und Illustrations-Studium an der HGB Leipzig und FH Münster. Diplom 2008 mit einer illustrierten Geschichte der Arbeiterbewegung (erschienen im Wilhelm Fink Verlag, Paderborn 2009).
Seit 2012 illustriert er für den Wilhelm Fink Verlag die Reihe „Philosophische Einstiege". Erschienen sind bisher Einführungen in Theodor W. Adorno, Friedrich Nietzsche, Michel Foucault, Karl Marx, Martin Heidegger, Pierre Bourdieu, Niklas Luhmann, Immanuel Kant, Walter Benjamin, Hannah Arendt, Judith Butler, Jean-Jacques Rousseau und Thomas Hobbes u.a..

Weitere Informationen unter:
www.ansgarlorenz.de

Arthur Schopenhauer

Philosophische Einstiege

ISBN 978-3-7705-6590-0 | Bestellung unter www.fink.de oder fink@brocom.de